打击非法集资典型案例汇编

（社会公众版）

处置非法集资部际联席会议　编

中国金融出版社

责任编辑：赵燕红　童祎薇
责任校对：李俊英
责任印制：丁淮宾

图书在版编目（CIP）数据

打击非法集资典型案例汇编（社会公众版）/处置非法集资部际联席会议编．—北京：中国金融出版社，2015.5
ISBN 978－7－5049－7971－1

Ⅰ．①打…　Ⅱ．①处…　Ⅲ．①金融—诈骗—案例—汇编—中国　Ⅳ．①D924.334.5

中国版本图书馆 CIP 数据核字（2015）第 106827 号

打击非法集资典型案例汇编（社会公众版）
DAJI FEIFA JIZI DIANXING ANLI HUIBIAN（SHEHUI GONGZHONGBAN）

出版发行　中国金融出版社
社址　北京市丰台区益泽路 2 号
市场开发部　（010）66024766，63805472，63439533（传真）
网上书店　www.cfph.cn
（010）66024766，63372837（传真）
读者服务部　（010）66070833，62568380
邮编　100071
经销　新华书店
印刷　北京七彩京通数码快印有限公司
尺寸　169 毫米×239 毫米
印张　17.5
字数　312 千
版次　2015 年 5 月第 1 版
印次　2025 年 3 月第 3 次印刷
定价　45.00 元
ISBN 978－7－5049－7971－1/F.7531

前　言

近年来，随着国际国内经济金融形势复杂多变，我国经济发展不确定因素增加，非法集资活动出现抬头之势，大案要案频发，手段不断翻新，呈现出从单一行业、单一领域向多行业、多领域渗透，由部分地区向全国蔓延，由国内向国外发展的趋势，非法集资形势持续复杂和严峻。

非法集资是影响社会经济健康发展的毒瘤，危害极大。从国外的庞氏骗局、麦道夫欺诈案，到国内的亿霖木业、湘西特大非法集资案等，参与者一夜之间血本无归，众多家庭顷刻之间陷入贫困，个别参与者甚至为此自杀身亡。非法集资扰乱社会经济秩序，破坏市场经济法则，已成为影响社会稳定的重大隐患。

党中央、国务院高度重视防范和打击非法集资工作。2007 年建立了处置非法集资部际联席会议制度，打击和处置非法集资工作不断深入并取得了显著成效。但是，在今后一个相当长的时期内，非法集资活动将伴随着社会经济发展而存在，解决非法集资的问题不可能一蹴而就，防范和打击非法集资工作是一项长期、复杂而艰巨的任务。

为贯彻落实党中央、国务院重要批示精神，处置非法集资部际联席会议组成编写组，结合近年来处置非法集资工作实践，综合考虑历史因素，以相关的法院判决书为依据，以网络、公开出版刊物等资料为参考，根据“有利于教育群众、有利于案件处置、有利于社会稳定”的基本原则，按照“准确、客观”和“以普及性为主、兼顾专业性”的总体要求，编写了《打击非法集资典型案例汇编》（以下简称《案例汇编》）。《案例汇编》共采选编写了六十个典型案例，并按非法集资活动形式将案例划分为九个类型，涉及《刑法》五宗罪名。其中既有被称为改革开放后“非法集资第一案”的北京沈太福非法集资案，以及随后发生的震惊全国的无锡邓斌非法集资案，也有近年来涉案金额巨大、被追究责任人员较多的湖南湘西州非法集资系列案。

《案例汇编》力求通过对典型案例的案情简介和作案手段分析，用较直观的方式教育引导群众识别非法集资骗局，认识非法集资的危害性，防范非法集资风险；通过对案件警示点评，以增强社会公众的法制观念，培养正确的投融资理念，树立“买者自负、风险自担”的意识，自觉远离非法集资。同时，通过对案件处置情况的剖析，增强打击非法集资的威慑力，警示犯罪，遏制非法集资活动，巩固和提高执法效果。《案例汇编》还对相关适用法律法规进行了摘编。

编写出版《案例汇编》同时也是贯彻落实国务院办公厅《关于严厉打击非法集资有关问题的通知》和处置非法集资部际联席会议《防范和打击非法集资宣传教育规划纲要（2010—2015 年）》的一项重要举措。本书既可以作为社会公众识别非法集资陷阱，认识非法集资危害的普及教育读本，也可以作为各地各有关单位开展防范打击非法集资工作的指导、参考用书。

由于时间仓促、水平有限，本书难免有不足和遗漏之处，敬请批评指正。

本书编写组

目　录

典型案例篇

法律规定篇

典型案例篇

第一章
涉及商业经营类非法集资

民间借贷是正规金融的有益补充，对于拓宽中小企业融资渠道、优化资金资源配置等具有积极作用，但其游离于正规金融之外，存在交易隐蔽、风险不易监控等问题，有时更被某些不法分子利用，极易演变成非法集资。

在商业经营流通领域，犯罪分子依附于实体商贸企业，有的采用混业经营、集团公司的形式，打着“技术开发合同”、“会员加盟”、“联合经营”、“消费积分奖励”等幌子，非法吸收社会公众存款或实施集资诈骗行为。本章收录的案例包括改革开放后“第一非法集资案”——北京沈太福案，还有无锡邓斌案、山西璞真案等，多是特重大案件，涉及面广，受害群众多，集资数额巨大，在社会上造成了极其恶劣的影响。此类案件采用的手法多样，噱头五花八门，一些案犯甚至曾是社会知名人士，但都是以超出正常收益率的高额回报为诱饵，采用虚构实体、虚假注资、虚构光环等手段进行欺诈，给广大投资者带来了惨重损失。

泥塑的“长城”

——北京长城公司沈太福非法集资案

北京长城机电科技产业公司沈太福非法集资案以13.7亿元集资额成为改革开放后“第一非法集资案”，沈太福也因贪污罪和行贿罪被判死刑。该案与随后发生的无锡邓斌非法集资案，因其所处的特殊时代环境，已成为改革开放之初中国资本市场的一个缩影。

案情简介

1980 年，沈太福中专毕业，被分配在长春市水利局，后又转到科协工作。1984 年，沈太福辞掉公职，成为改革开放第一批辞职下海“吃螃蟹”的人。辞职后，沈太福与兄弟沈太安办起了吉林省第一家个体科技开发咨询公司，每天骑着自行车在长春市的街头巷尾刷广告，但生意清淡。无奈之下，沈太福通过关系，承包了一家亏损的街道企业——长春锅炉仪表厂，并在该厂研制成功“双色液位计”技术。1988 年，沈太福携“双色液位计”技术到北京跟四通合作成立四通双色液位计技术公司时，却被四通发现技术有假，双方打起官司。官司打到第二年，沈太福发现自身是泥菩萨过河，决定撤退。

1989 年 3 月 16 日，沈太福经北京新技术实验开发区批准，筹集 30 万元以私人资本注册成立了集体性质的北京长城机电技术开发公司（即长城公司的前身）。1990 年 6 月，沈太福低价购买了一名工程师的电机发明专利，并将公司的专利权记到了他和妻子的名下。此后，沈太福便打出了“机电开发”的旗号，又在海南、长春成立了两家公司，鼓捣起各种社会上认为可以赚钱的买卖。也许是因为他并不真正善于做生意，也可能由于他过于挥霍，沈太福不但没有发财，反而亏空日甚一日，债台高筑。

1992 年 5 月，处于躲债之中的沈太福来到海南，他找到一些人，寻求和策划发财捷径，想出了这样一个“高招”：以发展节能电机为名，以高利息为诱饵，以签订“技术开发合同”的形式向社会广泛集资。沈太福说：“只要我能马上拿到钱，就能大胆地干个够，利息我可以出到 24%！”

这一非法集资游戏开玩之初并不顺利，上门签订合同者寥寥无几。沈太福便想到了海口的歌舞厅，来这里的大多是有钱的人，要是他们成为投资者，必然是财源滚滚。于是他领着公司人员出入各卡拉 OK 歌舞厅，向“伴舞小姐”许诺：“谁能拉来投资，就给她 2% 的好处费！”这一招非常奏效，为了得到这 2% 的回扣，许多人四处奔走，前来签订合同的投资者络绎不绝，创下了 20 天时间集资 2000 万元的奇迹。沈太福从此一发而不可收拾。一时间，“长城债券”炙手可热，受众多投资者青睐，酿成了波及全国的“长城集资”怪潮。

不明真相的投资者为了得到高额利润蜂拥而至，长城公司设在全国各地的办事处人满为患。许多人奔走相告，有的从银行取出存款，有的到处借钱，托关系、找熟人，一心想成为长城公司的投资者。就这样，在短短的几个月时间里，沈太福就筹得巨额资金，在社会上闹得沸沸扬扬。沈太福在全国设立了20多个分公司和100多个分支机构，雇用职员3000多人，主要的业务就是登广告、炒新闻、集资，在不到半年的时间里，共集资10多亿元人民币，投资者近20万人。

1994年4月11日，北京长城机电科技产业公司总裁沈太福被处决，罪名是贪污和行贿。而在沈太福的背后，却是牵涉近20万人高达10多亿元的高息集资案。沈太福被处决之后，中国开始金融立法对集资行为进行管制。

作案手段

1. 承诺高额回报。沈太福的游戏规则是：无论男女老少，均可与长城公司签订“技术开发合同”，投资额从3000元起，上不封顶。合同承诺投资人可以随时提取自己的资金，而且投资回报很可观，长城公司承诺“按季支付补偿费”，每年补偿率达24%，比银行当时的储蓄利率高一倍多。在改革开放的初期，年息高达24%的“技术转让合同”正迎合了老百姓的发财心理。

2. 签订虚假技术开发合同。众多的投资者并不知道，他们与沈太福和长城公司签订的所谓“技术开发合同”，只不过是用来蒙骗人的招牌，在沈太福的眼中如同几张废纸。合同中规定公司在一年内将产生1亿元的产值，但从第一份“技术开发合同”签订之日起的半年时间里，全公司只售出电动机五六十台，价值仅600多万元，所谓的电机开发完全成了骗人的幌子。

3. 金蝉脱壳，逃避责任。为了达到不可告人的目的，沈太福先后指使有关人员开出2亿元的假发票，频繁地向某分公司调拨资金，制造某分公司经营效益好的假象。在没有一分销售额、没做一笔电机生意的情况下，向税务部门“主动”缴纳了1100多万元的税金……沈太福通过上述种种手段，欺骗投资者和有关管理部门，谎称公司股票将来可以上市，这样投资者的债权就可以变成股权，即使将来公司破产倒闭，骗局败露，作为股民的投资者只能自担风险，他就不必面对向他讨债的人了。

案件查处

就在沈太福紧锣密鼓地实施自己的骗术之时，有关部门逐渐察觉了他异常的所作所为。针对他扰乱国家金融秩序、损害投资者利益的一系列活动，1993年3月6日，中国人民银行发出了《关于北京长城机电产业集团公司及其子公司乱集资问题的通报》，指出长城公司“实际上是变相发行债券，且发行额大大超过其自有资产净值，担保形同虚设，所筹集资金用途不明，投资风险大，投资者利益难以保障”，要求“限期清退所筹集资金”。与此同时，为了保护已投资者的利益，避免有更多的人投资受骗，防止长城公司转移资金，有关部门冻结了长城公司及其分支机构的银行账户。

对此，沈太福置若罔闻，非但不执行，反而到处散布流言欺骗要求清退集资款的群众，并向法院起诉中国人民银行。1993年3月29日、31日，沈太福连续在北京举行中外记者招待会，声称因政府干涉，公司难以经营，要向国外拍卖。他还宣布，将投资者的年利息率由24%提高到惊人的48%！

1993年3月31日下午，沈太福带着三张假身份证和一皮箱的集资款准备逃到国外，在北京首都机场被警方截获。1993年4月6日，国家工商行政管理局会同有关部门成立检查组，开始对长城公司进行检查。长城公司案所涉及的22个省、市、自治区也相继成立了检查组，对其所属的100多个分支机构实施全面检查。检查人员发现集资款项流失十分严重。如北京市集资额高达两亿多元，冻结的银行账户资金不足3000万元，不到集资款的1/7。

1994年4月，法院宣判，沈太福犯贪污罪和行贿罪，判处死刑，其他涉案人员分别被判处有期徒刑。

案件警示

长城公司集资案仅仅是1993年中国金融失序的冰山一角。在长城公司非法集资案之前，我国尚未建立起完整的金融法制体系。1995年6月30日，第八届全国人大常委会第十四次会议通过了《关于惩治破坏金融秩序犯罪的决定》，将非法吸收公众存款和非法集资诈骗等破坏金融秩序的犯罪列入法律打击对象。1997年3月14日修订的《刑法》和1997年12月9日通过的《最高人民法院关于执行〈中华人民共和国刑法〉确定罪名的规定》，正式将非法吸收公众存款罪，擅自发行股票或者公司、企业债券罪以及集资诈骗罪列入刑法罪名。至此，我国关于非法集资的刑法规制框架基本构建起来，“集资诈骗罪”、“非法吸收公众存款罪”、“擅自发行股票或者公司、企业债券罪”、“非法经营罪”等罪名成为悬在非法集资者头上的利剑。

俗话说，苍蝇不叮无缝的蛋。非法集资活动之所以屡屡得逞，除了非法集资者的骗术较为高明，方法和手段隐蔽和狡猾外，与受害人自身防范意识不强，贪图一夜暴富、一劳永逸，甚至不劳而获的侥幸心理也不无关系。因此，广大投资者应加强自身防范意识，树立勤劳致富的思想，不传播、不轻信所谓的一夜暴富神话，这才是减少和防范非法集资活动的根本途径。

32亿元超级大骗局

——江苏无锡邓斌非法集资案

提起无锡新兴实业总公司，大家或许有些陌生，但一说起邓斌却无人不晓。该公司从1989年到1994年7月共非法集资32亿元，其集资数额之巨，涉案人员之多，造成危害之重，为新中国成立以来所罕见。制造这场灾难的元凶，就是这个丈夫给她下断语“你能当经理，谁都可以当经理”，她给自己下定论“无知、无能、法盲”的57岁“女能人”——邓斌！

案情简介

邓斌是江西樟树人，19岁考入无锡卫院，21岁嫁给海军军官，后来当过护士，也做过随军家属，1978年前一直在无锡市变压器厂做工人。这个女人天生一张利嘴，再加上好赌的天性和利益驱使，早在做工人期间就玩过集资游戏。

1978年，邓斌在工厂当绕线工时，就到处炫耀自己的丈夫是海员，可以买到自行车、彩电等紧俏货。在当时物品极缺的情况下，众人经不住邓斌的诱使，纷纷拿出钱来让她代买。钱到手了，邓斌却迟迟没有买来，实在逼急了，就将别人的钱贴上，到市面上高价买些货物应对。窟窿越补越大，邓斌因此被开除出厂。

然而，不安分的邓斌并没有就此吸取教训，反而更加执著于集资之道。做几笔小生意未果后，邓斌决定继续代买紧俏货。钱到手后，买不到货时只能故伎重演，向更多的人集资来堵窟窿。邓斌因此多次被人告发，进过派出所，写过悔过书，但她想的是把教训变成“经验”。凭着巧舌如簧和强烈的金钱欲望，这个貌似平常的女人，在十多年后，终于将集资游戏玩到“炉火纯青”。

1985年，邓斌来到深圳，在做生意过程中先后搭上了无锡县金城湾开发总公司、深圳中兴公司、北京兴隆实业总公司等公司领导的关系，凭借这些靠山和“智囊”人物，邓斌先后被聘为工贸公司副经理、中兴公司驻无锡联络处负责人、中光公司总经理助理兼无锡办事处主任等职。1989 年 8 月 23 日，邓斌以金城湾工贸公司的名义，与深圳四维电脑设备有限公司签订联营协议。协议规定，四维公司出资 152 万元，交与邓斌经营 2000 台空调压缩机生意，期限为 27 天，到期返还本利 161 万元，折合年利率高达 78.96%！这是邓斌非法集资的第一笔业务。从此之后，邓斌到处宣称生产出口一次性注射器、医用手套、丝素膏等产品盈利很大，只要有资金找上门来，邓斌就依葫芦画瓢，与人签订联营协议，每笔资金规定的年利率都在 60% 以上。

1991 年 8 月 8 日，无锡新兴工贸联合公司正式开业。总经理邓斌大摆宴席，给每位嘉宾 288 元红包，一时轰动无锡。此时邓斌已经集资达 3.86 亿元，造成亏欠数千万元。为了填补资金漏洞，邓斌很快把关系网从无锡铺到北京。故事越说越圆，窟窿越补越大，但邓斌并不担心，因为面对外界的质疑，已经有一批能人帮她澄清：新兴不是长城公司，邓斌也不是沈太福。在邓斌的活动下，截至 1994 年 5 月，直接与新兴公司签订集资协议的一级集资者就有 7 个省市的 368 个单位和 31 名个人（包括债权债务关系）。至于二级、三级集资者更是数不胜数，一场浩浩荡荡的集资风暴席卷全国。

1992 年底至 1993 年上半年，邓斌平均每个月都不少于 8000 万元进账。到 1994 年事发时，集资总额已经达到 32.15 亿元。除了不断翻新的故事，邓斌还推出不少集资明星镇，江阴就是其中之一。一个镇就为新兴公司集资 3900 万元，其中 2700 万元为个人集资款，涉及 3000 多户近 4800 人，占全镇总户数一半以上。这些地方后来都成为集资案的重灾区。那两年，她俨然成为整个无锡市的财神，只要帮她集资，就能轻松成为百万富翁！

作案手段

1. 联营为名，高息为饵。邓斌以共同经营一次性注射器、医用手套、丝素膏等名义与出资方签订“合作协议书”，不管企业经营状况如何，出资方均可按期领取本利。为了集新资还旧债，拆东墙补西墙，邓斌每两个月分利一次，有的就在出资时当场兑付利息，对个别特殊出资户月利高达 10%。这些出资者在得到高利回报后，就继续投入，还成了义务宣传员。

2. 金钱铺路，走卒开道。从非法集资一开始，邓斌便四处活动，寻找关系，用请客送礼、给回扣、支中介费、行贿、送空股等手法，费尽心机地网罗一些有权有势者和中介人。她花费近百万元邀请一些领导干部及其家属出国旅游，拉拢一些报刊为她鸣锣开道、摇旗呐喊，个别腐败干部为她鞍前马后，撑腰壮胆。在此期间，先后有十多人当了新兴公司的“顾问”，一百多人成了非法集资的中介人，十几个单位给她颁发奖状和荣誉证书，给她戴上“女企业家”、“十佳新人”、“先进工作者”等桂冠。这些中介人共为新兴公司集资高达15.56亿元，获取非法收入5250万元。

3. 伪装慈善，骗取信任。她花费850多万元向社会团体慷慨赞助，花70万元竞拍一名大学生的科技成果，然后束之高阁，出10万元为秘书捧回一顶“无锡小姐”冠军的桂冠，捐资15万元为寺庙铸钟，出资30万元为文化公园建阁。邓斌俨然成为当地的“慈善大使”，可谓风光一时。

4. 虚假合资，夸大实力。为掩盖非法集资的真实面目，邓斌串通不法港商将非法集资款兑换成1818万美元，由北京兴隆公司汇给香港友和贸易公司和香港华利公司，再由这两家公司汇至新兴公司，注册28家假合资企业。她虚报经营利润，多交370万元税金，并以此大吹大擂，做足文章。

案件查处

1994年6月21日，一封关于邓斌非法集资达10多亿元的举报信传到了江苏省委，一场新中国成立以来最大的非法集资案的侦破工作从此拉开大幕。这是一个罕见的多头绪、多环节、多层次、多区域的特大案件，涉及人员多，群案串案多，大案要案多，查处难度极大。新兴公司案件的查处中央高度重视，中央最高决策层几次直接听取案情汇报，对查处工作极为关注，明确要求依法彻查全案。

在江苏省委的直接组织和领导下，查处新兴公司案件历经一年多，全省先后有13个机关和部门的上千人投入破案。办案力度之大，行动之迅速，措施之得力，效果之显著，几乎是空前的。1994年8月6日，无锡市检察机关以玩忽职守罪对邓斌立案侦查并决定逮捕。随后，新兴公司非法集资的干将们也被一网打尽！

1995年11月24日，这起新中国成立以来最大的非法集资案终于有了审判结果，江苏省无锡市中级人民法院以受贿罪、贪污罪、投机倒把罪、挪用公款罪、行贿罪等，数罪并罚，判处邓斌死刑，剥夺政治权利终身，其他 5 名主犯也受到严惩。涉及该案的多名党员干部也受到了党纪政纪处理。1995 年 11 月 27 日，最高人民法院核准邓斌死刑判决。这个风光一时、远近闻名的女能人终于走到了人生的终点。

案件警示

据有关专家测算，资本利润率一般在 15% 以下是比较合理的。高额的借贷利率不仅得不到法律的保护，而且随时都面临着化为泡影的厄运。当邓斌炮制出高达 60% 甚至 120% 的年集资利息时，灾难就已经来临。许多投资者受不住高额利润的诱惑和刺激，蜂拥而至，后果可想而知。本案发生较早，当时尚缺乏认定的依据和经验，案件自身有一个逐步演变的过程，具有较强的蒙蔽性。另外，地方媒体的误导和宣传对此案的发展和蔓延也起到了推波助澜的作用。这种在特定背景下采用特殊手法形成的特殊经济现象，它的寿命注定是短暂的！

骇人的“虚拟经济理论”

——山西璞真集团非法集资诈骗案

“先销售后生产，先卖观念和服务，后做市场与生产，先树品牌，后做市场，定牌生产。”聂某某的这个所谓的“虚拟经济理论”，让数万人卷入其中，损失上亿元。

案情简介

1966 年 2 月 2 日出生的聂某某是福建省三明市人，在他创立自己“盛极一时”的山西璞真集团之前曾做过中学教师，辞职后先后在俄罗斯和我国河南、山西等地经商，均是屡战屡败。1999 年，聂某某在太原市注册成立山西璞真灵芝酒业有限公司（中国璞真事业机构），试图摆脱困境，遗憾的是到年底酒业公司就面临停产局面。也就是在这一年，他想出了一套日后成就他“大事”的“虚拟经济理论”：先销售后生产，先卖观念和服务，后做市场与生产，先树品牌，后做市场，定牌生产。2002 年 7 月和 12 月，聂某某又相继注册成立山西三江源璞真生态环境投资有限公司和山西璞真假日俱乐部有限公司。在短短 3 年时间内，聂某某用他的“虚拟经济理论”，共非法吸收公众存款 6. 65 亿元，先后有数万人次直接参与。

作案手段

1. 以所谓“虚拟经济理论”蛊惑人心。聂某某对自己的“先树品牌，再搞销售，定牌生产”的经营理念推崇至极，称之为超越三百六十行之外的第三百六十一行，在山西各地进行演讲宣传，举办各类形式的短期速成培训班，将集资目标人群定位为下岗职工、待业青年、残疾人和老年人，因为这些人有着更为强烈的致富梦想。至案发前，他已经建成了以晋中市为中心，辐射太原、阳泉、长治、运城等十余个县（市）的一、二级网点 145 个，招募工作人员 54 名。

2. 用多种模式吸纳资金。2000 年 10 月到 2003 年 6 月，聂某某在迅速扩张公司规模的同时也先后出台了 6 套集资模式：（1）实施绿色财富计划——植树。客户作为投资方，璞真事业机构作为接受委托方负责组织实施“速生丰产林项目”，双方签订委托合同，每投资 1 万元，按 A 级计算，五年后回报 2.2 万元，25 年后回报 50 万元。（2）抵押销售，定期返本加高息。客户与璞真事业机构签订产品委托销售书，如客户购买 1 万元的璞真产品，产品由璞真事业机构代销，半年后还给客户本金 1 万元，第七个月回报 1000 元，第八个月再回报 1000 元。（3）雕刻炎黄二帝塑像、建立炎黄帝博物馆、成立炎黄帝研究会。客户投资 1 万元，马上返还 3000 元，一年以后再返还 1 万元。（4）建立安养中心。在阳泉、榆次等县市建立安养中心，当地的孤寡老人与璞真事业机构签订协议，交 2 万元就可以到安养中心免费生活一年。一年后退出，2 万元退还本人。如再住，再交 2 万元。（5）将他人生产的无牌酒、饮料等商品贴上“璞真”商标，冒充灵芝酒、灵芝饮料等灵芝产品进行销售。（6）以璞真假日俱乐部有限公司的名义，鼓励集资者交会员费办会员卡（住房卡），到期返还 20% 以上的回报。还以将会员卡升级为贵宾卡、至尊卡为诱饵，引诱入会者发展下线。

3. 以高额回报诱骗投资人。在其集资方案中，返还本金的期间从半年到 8 个月、1 年、15 个月不等，支付的高额回报率一度为 175%、75%、50% 和 20%，相当令人吃惊。如果说这样的利诱只是 5 万名投资者参与的直接动因，那么高额回报的意外实现则更坚定了他们的信心。截至案发，短短 3 年时间璞真事业机构用于返本还息的金额高达 4.37 亿元，其中 9761 万元用于返还高额利息回报。不断滚入的资金和由此而带来的高额利率，令璞真危机四伏，至公安机关查封时，它所吹嘘的“绿色财富计划”完成的全部造林投资额仅为 165 万元，且无任何经营盈利，再一次给璞真的资金链制造了巨大危机。然而聂某某对此熟视无睹，依旧以 65% 的回报承诺招揽资金。

4. 利用与传销相似的“P 级网络计划”激励“优秀者”。一个营销骨干发展子营销骨干 5 个，每个投资至少 4 万元，则给予 3000 元奖金，集够 120 万元再加 5000 元奖金。如不要奖金，则奖给价值 4 万元的汽车一辆，再增发 1500 元工资，外加西服一套。据警方侦查核实，截至案发，璞真事业机构购买、发放的奖励轿车共计132辆。

案件查处

2003年2月，山西省公安部门接连收到关于璞真事业机构涉嫌非法吸收公众存款数千万元的群众举报，立即立案侦查。掌握充足证据之后，2003年6月28日，山西警方查封了位于太原市的璞真事业机构总部，并将以聂某某为首的13名主要犯罪嫌疑人刑事拘留。

2004年7月21日，晋中市中级人民法院审理认为：山西璞真灵芝酒业有限公司及聂某某在未经中国人民银行批准的情况下，以所谓“返本销售”、“绿色财富计划”、销售“住房卡”为名，以高额回报为诱饵，以公开授课、散发宣传册和光盘为手段，公开向社会不特定对象吸收资金，并承诺在一定期限内返本付息的行为，构成非法吸收公众存款罪，且数额巨大，聂某某在山西璞真灵芝酒业有限公司的犯罪中起了决定、指挥的重要作用，系单位犯罪直接负责的主管人员。一审判决聂某某犯非法吸收公众存款罪，处有期徒刑十年，并处罚金50万元，其余被告人同时作出相应判罚。2004年9月23日，山西省高级人民法院作出二审裁定，维持原判。

案件警示

山西璞真集团的非法集资诈骗活动，以所谓“崭新”的经营模式、高额的利率回报以及对于信用的“良好”把握，在短短3年时间内，共非法吸收公众存款6.65亿元，造成数万人次先后直接参与，大多数受害者是当地农民和下岗职工。璞真事业机构涉嫌非法吸收公众存款一案，对于那些用多年的积蓄来笃信璞真的人来说，无疑是一场惊醒的噩梦，突然间与他们断绝的不仅是对富裕的畅想，还有那赖以养生的多年积蓄。

据山西警方统计，2002年山西省平遥县全年财政总收入为1.52亿元，而这一年，仅平遥一地往璞真投入的资金就达到了1.64亿元。如此巨大的民间资本，在银行利息已经极其低微、投资者又缺乏基本金融知识的情况下，面对一种极具信誉感和回报率的经营模式时，它所能产生的抗拒力是多么脆弱。社会闲散资金保值增值投资渠道的短缺与阻塞在我国一再发生的非法集资案件中频频凸显。

明星光环下的罪恶

——四川汉唐实业公司非法吸收公众存款案

四川汉唐实业公司是当地的明星企业，其董事长更是全国人大代表，远近闻名的慈善家。就是这样一家有良好声誉的公司，最后陷入非法集资的泥潭难以自拔，10名员工被处以刑罚，800多名集资参与人血本无归。非法集资的游戏中，谁也不是赢家。

案情简介

位于革命老区——四川达州的汉唐实业公司曾经是当地的明星企业。这家1997年成立、注册资金1300万元的公司拥有30家连锁超市，覆盖达州市区及所属区县，经营着数十万种商品，成为川东北最大的连锁超市。与此同时，2002年投资成立的四川妙达饴美厨食品有限公司，拥有国际质量管理体系规范，生产的“灯影”牛肉深得大众青睐，并在全国各大城市设立了30个办事处，产品已进入5000家上万平方米的大卖场。2004年又收购了当地一家森林公园的宾馆，并在2006年成立四川铁山宾馆有限公司，准备花5亿元巨资打造一个4A级风景区和五星级旅游涉外饭店。

汉唐实业的创始人谢某更具有传奇的创业经历和绚丽的光环。从下岗开办小食品店，经历被骗、病痛、火灾的磨炼，到成功的明星企业家、慈善家、全国人大代表、奥运火炬手，谢某在达州乃至四川是颇具影响的楷模人物。

在谢某的创业路上，除了她父母外，其丈夫冯某也给予了极大的支持和帮助。冯某也成为汉唐实业的法定代表人兼总经理，负责公司的日常运营管理，但实际控制人仍是谢某。冯某也有达州市工商联副会长、达州市政协委员等政治光环。

汉唐实业繁荣的表面下是过快扩张过程中资金短缺的问题，于是冯某、谢某将目光盯向社会公众日益鼓胀的钱包。2003年6月至2008年7月间，汉唐实业以经营超市和铁山宾馆等项目缺少资金为由，承诺支付1.5%至10%不等的月息，以出具借条、收据等凭证的方式，在达州市宣汉县、通川区、达县等地向812名群众吸收存款本金2.56亿元。

作案手段

1. 凭借明星光环吸引资金。为取信于社会公众，除承诺给予高额利息外，汉唐实业千方百计包装自己：通过电视台播放宣传汉唐实业的专题片，通过报纸刊载《“妙达”续写灯影牛肉百年传奇》、《汉唐梦想、森氧铁山》等文章，突出公司的实力以及董事长谢某的创业传奇和政治光环。许多存款人正是被这些光环所蒙蔽，纷纷将资金交给汉唐实业和冯某、谢某夫妇。如李某夫妇先后借给汉唐实业830万元，据李某介绍，他们之所以借款给汉唐实业，除被5%的月息吸引外，主要是相信冯某是政协委员，谢某是全国人大代表，企业是明星企业，铁山宾馆是达州的品牌，肯定不会赖账。也是这种公众的盲目信任，使冯某对集资产生了依赖，当财务部门反映公司资金紧张时，冯某就说“我出去转一圈回来就有钱”。

2. 设立空壳公司直接圈钱。随着汉唐实业资金缺口越来越大，日常运转日益困难。冯某接受存款大户的建议，设立空壳公司向中小客户借钱。为此，冯某在2006年9月委托代办公司在成都注册了“四川正和投资有限公司”，随即就在达州宣汉成立分公司，以分公司名义在宣汉通过民间集资来支付汉唐实业所借的高息。

3. 建立金字塔形吸存模式。汉唐实业内部参与揽存的主要有10名骨干。冯某作为汉唐实业法定代表人、总经理，直接负责决策、指挥公司吸存，骨干主要是谢某、谢某的亲属及公司出纳、司机等员工，出具的借条由冯某、谢某签名，加盖公司印章。即使是其他骨干出具的借条也是临时性的，最后也要换成冯某签名的正式借条。为逃避监督，冯某在多家银行共设立了19个个人账户，用于日常借款、还本付息资金的进出。

汉唐实业揽储初始是口口相传的。2006年初，汉唐宣汉超市旁的诊所老板“谢眼镜”听超市员工说了集资的事，便尝试着投了几万元，月利息5%。集资初期的汉唐实业很讲信用，“谢眼镜”每月都能按时拿到利息，便又陆续投入100多万元。他又把这信息告诉别人，其他人又去存钱，主动找上门的储户越来越多。另外，一些资金大户出借的资金中，很多也是从中小散户吸收，再集中给汉唐实业。如章某借给汉唐实业的50万元中，除他本人26万元外，剩余24万元分别从其他三人融入10万元、8万元、6万元，汉唐实业就是以这种滚雪球的方式高息吸收存款，越滚越大。

案件查处

在汉唐实业大量吸收民间资金的时候，2007年9月初，达州宣汉县富苑酒店非法集资案爆发，多人被捕，政府贴出公告强调民间集资不受法律保护。一时间，宣汉县人心惶惶，储户纷纷找汉唐实业、向政府上访，要求提现，到最后还出现强行关闭汉唐超市、砸坏汉唐实业办公室的冲突事件。警方在登记富苑非法融资案金额时，有人拿错了借条，拿着汉唐实业的借条去登记，汉唐实业非法集资案由此暴露。

2008年8月25日，冯某因涉嫌非法吸收公众存款被达州市公安机关刑事拘留，汉唐实业被查封。次日，达州市委、市政府成立了“处置汉唐公司非法集资问题协调指导小组”处置案件。8月27日，《达州晚报》及通川区政府网站发布消息，称汉唐实业涉嫌非法吸收公众存款犯罪已被警方立案侦查，并告知储户进行登记，以核实非法存款的数量。随后，谢某等其他9名汉唐实业非法吸收公众存款案的犯罪嫌疑人也被公安机关抓获。

经过一年多的侦查、审理，2009年12月19日，达州市通川区人民法院作出一审判决，四川汉唐实业犯非法吸收公众存款罪，被判处罚金50万元，冯某、谢某犯非法吸收公众存款罪，分别被判处有期徒刑九年六个月和有期徒刑六年，其他8名被告人也受到相应处罚。

案件警示

一家明星企业在短短的10年中从辉煌走向衰败，一个明星企业家的光环黯然失色，值得许多民营企业深思，也给广大集资参与者深刻的教训。

跟中国很多民营企业类似，汉唐实业是一家纯粹的家族企业。在股权结构中，丈夫冯某占95%，妻子谢某占5%；在高管层中，冯某为法定代表人兼总经理，谢某及其弟弟谢某甲为副总经理，谢某甲的妻子林某为财务部副经理。这种家族式的企业往往存在公司治理不科学、内部控制不健全、投资决策盲目等问题。正是谢某带领下的汉唐实业扩张过快、盲目对外投资，为公司埋下了隐患。从2000年第一家超市开张到2007年上半年，汉唐超市快速扩展到30家；在一场百年不遇的洪水冲走了汉唐超市的7个分店和妙达公司一个牛肉生产厂，1000多万元损失还未能弥补时，收购了铁山宾馆；在资金没有落实的情况下，又抛出5亿元的旅游度假区投资计划。

虽然表面风光，但资金短缺问题一直困扰着汉唐实业。2001年汉唐实业在达州市宣汉县成立分公司时，就开始以每月2%～3%的利息吸纳存款，不过数量很少，对象主要是公司员工和亲戚、朋友。2005年以前汉唐实业与供货商的相处较愉快，货款很少拖欠。2005年后汉唐实业开始拖欠货款。据供货商统计，汉唐实业拖欠百余家供货商货款3000余万元。打造铁山旅游度假区需巨额资金，原本希望通过银行抵押融资的计划迟迟得不到审批。

依赖民间高息集资，对于盲目扩张投资的汉唐实业来说，无异于饮鸩止渴。以平均5%的月息，每借入1000万元本金，每年需支付的利息就达600万元，相当于汉唐超市的年利润总额。高达2.56亿元的集资本金需支付的利息对汉唐实业来讲，根本难以承受。实际上，汉唐实业后期融入的资金很多是支付前期的高额利息，并未用于生产经营。到最后阶段，为应付集资户提款，汉唐实业的集资利率曾高达月息10%。

对广大集资户来说，高息回报的诱惑确实难以抵挡。但这种击鼓传花式的游戏，不知道谁是最后拿到“花”的人。至案发时，汉唐实业所集的2.56亿元本金中，尚有1.97亿元未归还。

益万家？损万家！

——陕西益万家公司集资诈骗案

“益万家”事业手册上说，“让消费者花出去的钱去而复返”，宣称让下岗职工、退休在家的中老年人，甚至是低保户“悄悄改变生活”，这样的弥天骗局最终必定是损害万家。

案情简介

2004 年 9 月，张某采取虚假出资登记注册的方式，成立了以企业营销策划和商品购销信息咨询为营业范围的益万家公司，张某为法定代表人。益万家公司采用散发宣传材料等方式，对外大肆宣传“消费积分奖励”模式，即公司与加盟商签约，约定公司会员到加盟商家消费，加盟商按消费额的一定比例向益万家公司返还佣金；公司根据会员消费积分情况，将收取加盟商佣金的40%以奖励的方式返还给消费会员。

但张某在实际经营中，并未按照“消费积分奖励”模式运作公司，而是采取“现金积分奖励”模式向会员非法集资，即益万家公司会员在未到加盟商家消费的情况下，直接用现金购买积分（一元一分），并按积分情况对会员进行奖励。200分为一个兑奖权，兑奖权越多，得奖励款越多。

益万家公司利用电视、报纸等媒体，大肆对外宣传益万家公司“消费积分奖励”经营模式，但实际上是继续采取“现金积分奖励”模式进行集资。自2004年9月至2005年12月，郝某某、蒋某某及张某以益万家公司的名义共向3.5万余名会员累计非法集资8600余万元，案发时尚有4770余万元未能返还。

作案手段

1. 名为“消费积分奖励”，实为“现金积分奖励”。益万家公司对外宣称“消费积分奖励”模式，但在实际经营中，却是以巨额奖励为诱饵，采取“现金积分奖励”模式向会员募集资金。即会员未到加盟商家消费的情况下，直接用现金购买积分，会员用现金直接购买200分为一个兑奖权，兑奖权形成后，要求会员从第二个月开始至第十七个月，每月购买积分不少于40元，公司从第三个月开始隔月向会员返还奖励款，第十七个月时返还一个兑奖权的7.5倍即1500元，获兑奖权越多，得奖励款越多。

2. 虚构经营实体，掩盖事实真相。为提升会员对公司实力的认可，将与其公司无任何实际关系的加盟商家户县怡馨园超市更名为户县益万家超市。刻意掩盖公司无资金、无项目、无经营实体、无任何合法收入来源的基本事实，蒙骗会员。

3. 目标锁定老年人和下岗职工。益万家事业手册上说，“让消费者花出去的钱去而复返”。郝某某说要让大家一起得实惠，“悄悄改变生活”。看似在宣扬“有钱大家一起挣”，实际是典型的声东击西，编造弥天骗局者正是想要赚取他人口袋里的钱财。郝某某等人曾明确说，益万家发展“消费会员”的范围，就是下岗职工、退休在家的中老年人，甚至是低保户，这就是他们所谓的目标人群，这些人大多文化程度不高，且经济收入偏低，求利心切，这就给骗子钻了空子。郝某某等人在发展会员时强调不得吸收公务员等职业者，就是怕这个骗局被一些明眼人看穿。

案件查处

2005 年 1 月 23 日，某银行向西安市公安局报案，称郝某某的两个账户异常交易，截至 2004 年 12 月 22 日，共进账 5000 余笔，累计金额 1.4 亿余元，涉嫌犯罪。西安警方经过缜密调查，查明了这起集资诈骗及非法吸收公众存款的大案。

西安市中级人民法院经审理认为：郝某某、蒋某某、张某以非法占有为目的，虚报注册公司，在一无资金，二无任何合法收入和利润的情况下，以“消费积分”为幌子，以高额回报为诱饵，采取“现金积分”方法进行集资诈骗，数额特别巨大，其行为均已构成集资诈骗罪。依法判处郝某某无期徒刑，剥夺政治权利终身，并处没收个人全部财产；蒋某某有期徒刑十三年，并处罚金 20 万元；张某有期徒刑十一年，并处罚金 15 万元。其他同案人也分别以集资诈骗罪、窝藏赃物罪获刑。

郝某某等人不服判决，提起上诉。2008 年 8 月 1 日，陕西省高级人民法院作出驳回上诉、维持原判的裁定。

案件警示

本案中，益万家公司为自圆其说，偷梁换柱套用《反不正当竞争法》中“经营者销售或购买商品，可以给中间人佣金”的条款，公司商务代表、商务主管介绍“消费会员”入会等工作量达到一定程度时，可收取积分款 8% 的佣金，看上去冠冕堂皇，使许多商务代表以为得到的收入是合理合法的，一些会员为将非法收入合法化，还帮助公司作假。殊不知，“空手难套狼，非法难合法”，益万家公司根本不具备吸收社会资金的资格，所谓的商务代表、商务主管提取非法吸收公众存款的佣金，必定是非法所得。

郝某某正是利用善良人们的求富心理，打着“有钱大家赚”的旗号，在无任何合法收入的情况下，玩弄空手套白狼的低劣手法，专门骗取文化程度相对不高、经济收入较低的下岗职工和退休在家的中老年人的钱财。希望广大群众擦亮眼睛，认清骗子的本质，避免类似的事情再次发生。

凋谢的百花

——河南百花实业集团集资诈骗案

李某为敛财不择手段，铤而走险，视法律如儿戏，最终付出了生命的代价。正可谓：“机关算尽太聪明，反误了卿卿性命”。

案情简介

1996年5月至1998年5月，河南省百花实业（集团）有限公司总经理李某伙同马某某、李某某等人以高息为诱饵，非法向社会公众集资3.36亿元，获得的资金大部分用于弥补亏空、个人挥霍和从事高风险性盈利活动，造成1.34亿元的损失。在感觉罪行即将败露时，他们又指使他人销毁部分账册，隐藏、转移赃款，并携带巨款和枪支外逃。

作案手段

1. 虚假注册、高息诱惑。为达到非法集资目的，李某等人通过编造假股东、假出资、假签名的方法注册了河南省百花实业有限公司下属的休闲商务俱乐部、河南省汇丰源实业发展有限公司。其后，以两家公司和未经注册的河南省百花连锁有限公司的名义，以月利率 2% ~3% 的高息为诱饵，通过与集资会员签订“会员协议书”、“营销协议书”、“连锁营销协议书”的方式，采取后笔集资款兑付前笔集资款本息的手段，非法向社会公众吸收资金，涉及参与者 1. 8 万人次。集资款均被打入李某等人控制的私人账户，除部分用于支付高息和亏损或不盈利的生产经营项目外，其余均被李某等人滥用和挥霍。

2. 虚假宣传、蛊惑群众。为了骗取社会公众的信任，李某授意杨某等人通过电脑合成，盗用中央及国家领导人照片，捏造事实，设计、制作虚假广告画册在广大集资会员中散发，蒙蔽社会公众，制造公司实力雄厚的假象，在社会上造成极为恶劣的影响。

3. 销毁账目、携款潜逃。1998 年 5 月，李某等人感到罪行即将败露，遂指使他人销毁部分账册，隐藏、转移赃款，并携带巨款外逃，使用假身份证隐姓埋名，导致 12000 余名集资参与者高达 2. 4 亿元集资本金无法偿还，最终造成 1. 34 亿元损失。

案件查处

案发后，公安机关追缴赃款、赃物价值人民币 7300 余万元，并将李某等人抓获。法院审理认为：李某等人以欺诈方法非法集资，任意处置、滥用集资款，销毁部分账证资料，携款外逃，致使巨额集资款无法返还，主观上具有非法占有的目的，其行为不但侵犯了国家金融管理制度和金融管理秩序，而且侵犯了他人合法财产权，均已构成集资诈骗罪，且诈骗数额和损失数额特别巨大，社会影响和犯罪情节特别恶劣，所犯罪行极其严重。2001 年 3 月 22 日，郑州市中级人民法院作出一审判决，认定李某犯集资诈骗罪，判处死刑，剥夺政治权利终身，并处没收个人全部财产；犯非法持有枪支、弹药罪，判处有期徒刑三年；决定执行死刑，剥夺政治权利终身，并处没收全部财产。同案犯马某某等九名被告人分别犯集资诈骗罪、窝藏罪、包庇罪、转移赃物罪和虚假广告罪，分别被判处十五年至二年不等的有期徒刑，并处罚金共85.3万元。宣判后，被告人李某不服，提出上诉。2001年6月6日，河南省高级人民法院作出驳回上诉、维持原判的刑事裁定。2001年12月，最高人民法院核准对李某执行死刑。

案件警示

不法分子从事非法集资活动，都会打着冠冕堂皇的旗号，并在前期积极履行合同承诺蒙骗参与者，其目的就是要吸引更多的人参与，实际上非法集资活动都是用后来参与者的资金支付前面参与者的本息，制造资金实力雄厚的假象并大肆挥霍，一旦资金来源枯竭或不足以应付支出，犯罪分子就可能卷款逃匿。

本案中，李某等人以非法占有为目的，使用诈骗的方法非法集资，不仅扰乱正常的经济秩序，而且给人民群众造成巨大经济损失，受到法律严惩是罪有应得。“君子爱财，取之有道”，广大群众要树立投资风险意识，量力而行，如果盲目听信不法分子的谎言，倾尽多年积蓄甚至举债参与所谓的投资活动，最终可能是血本无归的结局。

百元“富翁”

——山西忻州市天海公司非法吸收公众存款案

一位靠非法集资发家的千万富翁，为了逃避法律追究狼狈逃窜、东躲西藏，被抓获时口袋里不足百元。王某为自己的不法行为付出惨痛代价，演绎了一出大起大落的人生悲喜剧。

案情简介

忻州市天海电器销售有限公司的总经理王某神秘失踪了。他的失踪可急坏了与他非亲非故的50多个陌生人，在他们眼中，王某可是个“大款”、“能人”。别看王某才30多岁，初中文化，他的经历可比一般人丰富得多。14岁时辍学跟别人做生意，18岁承包供销社开始自己做老板，先后办过猪场、跑过工地、开过车、做过殡葬服务生意。如果一直沿着这条老老实实创业、勤勤恳恳工作的道路走到底，他的人生轨迹虽然平淡但方向正确。可惜渐渐地，他偏离了正确的轨道，走向歧途。

积累了一定的资金后，王某于2006年成立了天海电器聚都商业有限公司和天海电器销售有限公司。这两家公司对外是独立法人，对内实际上都由王某一人掌管。王某先后以筹建两家公司周转资金紧缺为由，用天海电器商场经营权及商品货物作保证，以月息2.5%～5%的高额利息吸收公众存款，并向存款人承诺可以随时取款。从2006年底到2009年4月，共向100余人吸收存款2000多万元。吸纳的存款一部分用于补偿原来租用商城用户的租金，一部分用于装修商城，还有一部分用于支付高额利息，拆东墙补西墙维持公司经营。可惜好景不长，最终入不敷出，资金链断裂，50余人本金无法归还。2009年5月，王某仓皇出逃，神秘失踪。

案件查处

当地警方在接到群众报案后，通过银行查询、调取天海公司账本，依法对天海公司资产进行了扣押，提请人民检察院批准逮捕王某。8 月 6 日，逃亡已逾 70 天的王某在北京被抓获。被抓获时，王某身上仅剩下 100 元零钞。

法院审理认为：王某及其忻州市天海电器销售有限公司不具备法定吸收公众存款的资格，违反我国法律规定，变相吸收公众资金，数额巨大，社会危害严重，其行为已构成非法吸收公众存款罪。判处忻州市天海电器销售有限公司犯非法吸收公众存款罪，判处罚金 40 万元；王某犯非法吸收公众存款罪，判处有期徒刑十年，并处罚金 45 万元；查封、扣押的赃物依法拍卖，拍卖所得按比例退赔各被害人，不足之数，继续追缴。

案件警示

非法吸收公众存款，是较为常见的非法集资方式，给不少受骗者造成严重经济损失。非法吸收公众存款者往往设立公司，以该公司为依托欺骗投资者。其设立公司的目的不是为了经营，而是虚构投资项目，以高额回报为诱饵吸引投资者，以后来者的投资款支付前面投资者的高额回报。有些集资参与者刚开始也持怀疑态度，但看到别人已经获得了高额回报，自己又按捺不住参与集资，最后雪球越滚越大，直至资金链断裂，以组织者携款潜逃宣告游戏结束。

广大群众应寻求合法的投资渠道和投资产品，面对个人或企业公开宣传高额利率回报，向公众集资或者借款的行为，应当保持足够的冷静，不要被一时的假象和繁荣所迷惑。

第二章
涉及农林类非法集资

大力发展现代农业，搞活林业经济，提高群众收入是我国的一项基本国策。然而一些不法之徒利用群众急于发财致富的心理，打着响应国家农业（林业）政策，推动特种农产品开发和托管造林等旗号，欺瞒群众，骗取资金，违法犯罪。

这类非法集资的主要特征是，编织高科技农产品市场、高盈利涉农（林）项目等谎言，虚构产业链条，许诺高额回报，诱骗群众上当。如有的以种植仙人掌、螺旋藻、芦荟、火龙果、苜蓿草、冬虫夏草等名义骗取群众资金，有的以养殖蚂蚁、獭兔、黑豚鼠、梅花鹿、家禽等名义吸引群众“投资入股”，还有的以开发果园、庄园或托管造林等形式进行高息集资。犯罪分子骗取群众资金后，往往大肆挥霍或迅速转移、隐匿，不仅严重影响了当地农村经济的发展，也极大地损害了集资群众的切身利益，给他们的身心带来了挥之不去的阴影和隐痛。

本章选取的就是近几年发生在农业、林业等领域的几个非法集资案例。希望这些案例能对广大投资者起到一个很好的警示作用。

庄园开发的神话

——广东茂名三家庄园非法集资案

20世纪90年代后期，广东省部分地区掀起一股果园开发的热潮，由于预期收益十分诱人，吸引了全国各地众多投资者。但人们很快发现，这只不过是美丽的肥皂泡……

案情简介

广东绿色山河开发有限公司、广东龙汇庄园有限公司、广东民昌果业有限公司是广东省化州市的民营企业，从1997年上半年起，三家企业在大力发展“三高”农业的形势下，利用城市居民热衷农业投资，而相关农业项目融资管理不严格等情况，以共同经营果园的名义，先后在北京、上海、浙江、福建、山西、广州、深圳、沈阳等地进行招商活动，有的还在当地设立了分公司，采取向出资人出具股东权益证方式，承诺如投资果园开发，将获得定期收益，从而吸引了大批投资者。从1997年9月至2003年底，共对外签订合作开发果园合同8600余份，开发果园44000余亩，集纳人民币4.5亿余元，其中境内集资3.2亿元，境外集资折合人民币1.3亿元，涉案人数5200多人。

三家企业以合作开发化州当地的山地为名，先向农民承包山地进行整体开发，然后以五亩为一个单元对外进行售卖，约定果园产生效益后开发商得利20%，集资者得利80%。由于监督管理机制的缺失，开发商随意挥霍和恶意转移集纳到的资金，加上荔枝、龙眼等水果价格大幅下跌，开发商未能按约定履行合同中的收益责任，造成集资者利益受损，引发全国各地集资者不断到部分中直机关、国家机关和省政府驻京办上访，给社会稳定带来严重影响。

作案手段

1. 借力政府，博取信任。对于民间自发的庄园经济，当时的地方政府领导班子给予充分肯定和扶持，并提出“奋战三年，实现人均一亩果，再造一个山上化州”的发展战略，以及多渠道引资，多形式发展，建造50万亩全国最大龙眼生产基地的发展思路。同时，政府为三家企业出具了招商函，个别党政官员还到招商会现场讲话，推介化州市的投资环境和优惠政策。庄园开发企业正是利用地方政府对农业开发项目的支持大做文章，坚定了投资者的信心，使企业在较短时间里在全国各地顺利实施了招商活动。

2. 虚假宣传，画饼充饥。庄园开发企业在进行招商活动和广告宣传时，过分夸大了收益情况和公司承担违约责任的能力，特别是在招商初期，龙眼、荔枝价格较高，企业按当时龙眼每市斤20元计算收益，预期收益十分诱人，促使全国各地和境外不少集资者参与合作开发的热情十分高涨。实际上，水果价格在经过短期高位运行后，水果市场持续低迷，龙眼、荔枝价格大幅下跌，龙眼从招商时每市斤10元以上跌到2元以下，果园开发是投入越多亏损越大，之前的承诺和预期收益已经成为一句空话。

3. 庞氏骗局，请君入瓮。庄园企业在其集资过程和经营手段上带有明显的欺诈性，资金使用缺乏有效监管。某公司在已无任何资产的情况下，虚增注册资金3000万元，造成企业实力雄厚的假象，企业的法人代表基本上把公司当做其私人公司，实行家族式管理，管理制度不完善，管理水平低下，特别是财务管理混乱。如某公司账面反映，1998年仅一年用于购鸡粪等有机肥料支出达1325万元。在无法实现预期收益的情况下，庄园企业拿集资款来兑现回报，以稳住集资者，发现庄园资金出现危机后，还欺骗集资者实施所谓海外上市的“K计划”，推出果酒加工计划等，继续变换花样集资，争取更多的集资者参与，尽量推迟危机的爆发。

为维持庄园企业的运作，掩盖经营危机，相关企业还采取各种办法捞取政治资本和社会光环，为庄园经济非法集资活动遮羞和粉饰。如某公司是全国农业龙头企业，前任董事长是全国人大代表、天津商学院的客座教授，后任董事长是省政协委员、茂名市人大代表。

4. 高额回扣，疯狂敛财。庄园企业在集资活动过程中不少环节有黑色交易，如对中介人实行奖励或给予回扣，最低15%，最高30%，企业的各分公司负责人和参与推介人都从公司拿走了数目不菲的回扣。与此同时，集资企业法人代表大肆挥霍集资者的资金，如某企业法人代表吴某某从1999年底至案发前共在澳门新世纪大酒店赌博输掉2000万元以上，到欧洲旅游一次花掉400多万元。随着危机的发展，企业的法人代表想方设法转移资产，偷逃资金，境外巨额集资款长期滞留境外，使巨额资金流向不明。

案件查处

有关部门高度关注果园开发企业招商活动，开展了调查工作并建议当地政府进行查处。2003年7月，化州市委、市政府成立了化州市庄园经济工作协调领导小组，化州市公安机关以涉嫌非法吸收公众存款、虚假注册资本和集资诈骗对三家企业及相关责任人立案侦查。2004年2月，广东省政府组成工作组进驻茂名市，对包括化州市三家果园开发公司在内的企业非法集资进行查处。

从2004年起，在省政府的直接领导下，地方政府和相关部门对三家庄园进行处置，设立专门机构、安排专门人员进行善后工作，并明确其非法集资所涉债权债务的处置方案。在省政府的直接领导下，债权债务清理清退等善后工作基本得到妥善处理。同时，三家庄园的法定代表人和主要责任人已被依法追究刑事责任，涉案的有关政府官员也受到相应的党纪政纪处理。

案件警示

农业投资是时间长、低回报的投资，从我国农民生活现状、收入水平以及庞大的外出打工的农民工队伍就可以看出端倪。如果参与者对此能进行粗略了解和冷静理智的分析，哪怕向当地果农询问一下，就能明白三家庄园宣传的投资效益是子虚乌有的神话。而地方政府的政策导向，也在一定程度上扩大了招商活动的影响范围，这也是引发参与者集体上访、冲击政府机关的重要原因。

1998 年中国人民银行《关于严禁利用庄园开发进行非法集资的紧急通知》明确规定，庄园利用开发名义进行“招商”的做法，违背了国家法令和有关规定，属非法集资，应予以查禁和取缔。

以后者的投资款支付前者的本息维持资金链运转是不法分子在非法集资活动中惯用的伎俩，这就是所谓的庞氏骗局。本案中，三家庄园企业通过虚假宣传，“放卫星”式夸大产量和水果价格，给众多投资者描绘农业经济的“光辉前景”，最终必将是“竹篮打水一场空”。

昙花一现的“蘑菇王”

——北京京都菇业集团非法集资案

1995年，怀揣着从战友那儿凑来的1000元钱，赵某某到北京闯荡种蘑菇，一心要干一番大事业。短短几年时间，他便成为盛极一时的京都“蘑菇王”。但这一光环背后，却是一个巨大的非法集资黑洞……

案情简介

只有高中文化的山东诸城人赵某某，务过农、当过兵，搞过文学创作，20世纪80年代末“弃文经商”下海，搞食用菌种植，结果“屡战屡败”，赔得一塌糊涂。1995年，赵某某闯荡到北京，开始租地建大棚种蘑菇，并转租大棚和教授种蘑菇的技术，以此获取利润。三年后，又先后注册成立了北京京都菇业开发中心（后变更为北京京都菇业有限公司、京都菇业集团有限公司）、北京大家地业农业科技发展有限公司等十余个企业，开始玩起集资游戏，在北京多家报纸、电视媒体及公交车身等刊登广告，并与投资人签订租赁合同和承包经营合同，由投资人租赁其企业的温室大棚或者客房，然后委托其企业进行经营，同时约定每年按投资额的15% ~40%支付高额回报，吸引投资人前来投资。截至2005年，赵某某共向500余名投资人吸收资金2.4亿余元。

作案手段

1. 利用各种媒体和平台大肆宣传。如在车身、北京多家报纸和电视台打出“你当老板我打工，下岗待业不用愁，租个大棚种蘑菇”的广告用语，渐渐把自己塑造成一个“蘑菇王”的形象，从此，“蘑菇王”赵某某进入公众视野，“生意”也越做越大。

2. 以高额回报为诱饵。赵某某给投资者许下了15%乃至40%的高额利润承诺，造成低成本高收益的假象，投资的人越来越多。

3. 包装自己，制造光环。有了钱，赵某某开始对自己进行全方位的包装，他的名字和创业事迹不断出现于各类媒体，并频频在电视上露脸。他还以各种非法手段谋取“京都蘑菇王”、“中国十大特色乡镇企业家 ”、“2006 最具影响力人物奖”等数十个荣誉和头衔，将与国家领导人和各界名人的合影照放大置放于办公室。另外，赵某某还虚假出资 5.07 亿元先后开了十几家公司，对外制造实力雄厚的假象。

4. 一棚多租，疯狂圈钱。“不是空手套，确实有东西，好几百亩的大棚，里面种满了香菇、灵芝……公司雇了上百个工人在现场干活，还有很多投资户，自己背上水和干粮，到基地进行义务劳动……”王女士持续考察了三年，她最终下定决心向京都菇业投资，当然落个血本无归。王女士的失算在于获得的信息不完整，因为按实际集资额与实际棚数算，赵某某一个棚重复出租 80 人次之多。

案件查处

2005 年以后，北京京都菇业集团有限公司、北京大家地业农业科技发展有限公司等企业的资金链先后断裂，公司随之消失，人去楼空，投资人遭受了惨重的经济损失。

2009 年 3 月 11 日，赵某某因涉嫌非法吸收公众存款罪被刑事拘留，同年 4 月 17 日被逮捕。北京通州区人民法院审理后认为，被告人赵某某违反国家金融管理规定，未经金融管理部门批准，以投资种蘑菇或客房获取高额回报为诱饵，向社会不特定对象吸收资金，变相吸收公众存款，数额巨大，扰乱了金融秩序，其行为已构成非法吸收公众存款罪，依法应予惩处。2011 年 1 月 7 日，该院作出一审判决，以非法吸收公众存款罪判处赵某某有期徒刑十年，并处罚金人民币 50 万元。

案件警示

这是一起常见的以绿色农业为名并许以高额回报而进行的非法集资活动。本案中，赵某某抓住人们想赚钱又图省事的心理，向投资者描画了一个“你当老板我打工，下岗待业不用愁，租个大棚种蘑菇”的美丽图景，极具引诱性。事实上，他拿着投资者的钱四处乱铺摊子，种蘑菇搞山庄，产业经营非常混乱，根本无法持续。

此类非法集资活动中，犯罪分子往往打着政府支持的招牌，制造各类荣誉光环，并以名人广告等各种途径大肆宣传展示，极具迷惑性。面对诱惑，投资者一是不要为暴利所诱惑，投资时理性分析，慎之又慎；二是不要被犯罪分子的华丽外衣所迷惑，轻信制造出来的假象，遇到疑惑应及时到政府相关部门咨询了解，避免上当受骗。

此外，广告宣传管理部门要加强对各类报刊、媒体广告发布的管理，对可能涉嫌以吸收存款，发行股票、债券等形式募集资金的广告内容进行严格审查把关，避免为不法活动推波助澜，误导民众。

看不见的苜蓿草

——黑龙江哈尔滨丰田生态公司集资诈骗案

从2005年8月开始，在不到一年的时间里，哈尔滨丰田生态农业科技开发有限公司号称种植了10万亩苜蓿草，参与集资可以获得高额回报，可是直到案发，人们也没有看到苜蓿草的影子。

案情简介

2005年6月，席某某、李某、包某某、张某某在哈尔滨市注册成立哈尔滨丰田生态农业科技开发有限公司。自2005年8月开始，丰田生态公司在石家庄市区、井陉矿区等地虚假宣传联合种植苜蓿草，通过该公司众多业务代理人与群众签订苜蓿草联合种植合同书进行集资活动，承诺集资半年可获得33%的利息回报，集资三个月得利息20%。截至2006年4月17日，丰田生态公司共非法集资达9800余万元，参与集资群众达数千人。席某某于2006年3月携款潜逃，致使3000余万元群众集资款无法返还。

作案手段

1. 高额回报。公司对外宣称种植苜蓿草可以得到高收益，参与集资可以得到高回报。集资期限六个月，前三个月各返10%，第四个月返20%，第五个月返30%，第六个月返53%，半年共返款133%，利息33%。2005年底将期限调整为三个月，前两个月各返10%，第三个月返100%，三个月返120%，利息20%。

2. 虚构项目。公司对外宣传已种植了10万亩苜蓿草，并通过岳某某、李某某等业务代理与群众签订苜蓿草联合种植合同书，在石家庄市区、井陉矿区等地非法集资。实际上，直到席某某2006年3月携款潜逃时也未见到苜蓿草的影子。

3. 合作谎言。丰田生态公司对外宣称与黑龙江省农业科学院、哈尔滨绿色生物工程有限公司、黑龙江省国营四方山农场等有合作关系。后经过司法机关调查核实，黑龙江省农业科学院等从未与哈尔滨丰田生态公司签订任何合作协议或发展任何合作项目。

案件查处

从2007年1月29日开始，席某某、李某等人因涉嫌非法吸收公众存款、集资诈骗被先后立案查处。2008年11月13日，河北省石家庄市中级人民法院依法进行了审理。法院认为，席某某、李某等人以非法占有为目的，采用虚假的宣传和高回报为诱饵，骗取群众的集资款，诈骗数额达3031万元，属数额特别巨大的，其行为已构成集资诈骗罪；岳某某、李某某等人非法吸收公众存款，数额巨大，其行为已构成非法吸收公众存款罪。2008年11月13日，法院作出一审判决，判处席某某死刑，缓期两年执行，剥夺政治权利终身，并处没收个人全部财产。其他被告人分别被判处有期徒刑。2009年5月26日，河北省高级人民法院二审维持原判。

案件警示

近年来，非法集资大案频出，造成的危害十分严重，严重扰乱了国家的金融秩序，影响经济发展和社会稳定，还诱发其他犯罪活动的发生。在当前国家对非法集资的打击力度如此之大、被曝光的非法集资大案如此之多、上当受骗群众的教训如此惨痛的形势下，为什么还不断有群众上当受骗？就是非法集资的诱惑性、欺骗性在作祟。

如何避免掉进非法集资的陷阱？一是对高息“诱饵”不动心。每当遇上诸如此类“天上掉下来的馅饼”，千万得悠着点儿，更不能因为看到别人发了财眼红，抵挡不住诱惑盲目跟风。二是对老板“实力”不崇拜。有些老板花费巨资做广告、买头衔、搞宣传，用光鲜的“企业形象”忽悠和迷惑群众。因此，不能被某些企业天花乱坠的自吹自擂所迷惑。三是对“官方”背景不迷信。在非法集资活动中，某些政府官员的参与或者假借官员名义、编造官方背景往往更容易蛊惑群众。因此，人们要切记：官员未必就代表官方，有官员参与并不等于就是正规融资活动。四是对熟人“热心”不轻信。非法集资大多借助传销手段，由于多是亲戚、朋友、熟人介绍、推销，一方面，容易取得信任；另一方面，碍于面子也不便推辞，这种方式更容易在民间渗透，危害面也更广。因此，面对熟人的好心和善意推销，得多长个心眼儿。

仙人掌的无情刺

——安徽阜阳旺达公司集资诈骗案

为骗取投资者资金，王某某建仙人掌产业园为自己造势，大肆进行不实宣传，制造仙人掌能赚大钱的假象，通过包括网络在内的各种渠道对外非法吸收资金，无情地刺伤了上千人的心。

案情简介

2003 年三四月间，阜阳市旺达农业开发有限公司（后更名为安徽阜阳旺达农业科技开发有限公司）法定代表人王某某从某村庄租用4亩土地，作为仙人掌种植基地示范园，又从另一村庄租用土地40余亩作为种植仙人掌生产基地，从此开始了疯狂集资诈骗、非法经营等犯罪活动。

王某某以旺达公司与客户“联合种植”仙人掌的名义，先后以投资金额30%和50%的高额利息向社会募集资金。截至2006年7月，旺达公司非法集资6500多万元，涉及2600余名参与者，案发时未归还集资户本金2700余万元。

为了以更快的速度圈钱，2005年下半年，王某某又与申某、马某某商议网上销售产品，并请谢某某为旺达公司设计了网上销售软件，以变相传销方式实施销售活动，由何某某负责销售款项管理。从2006年3月底到6月底，实现非法销售额1500余万元。

作案手段

1. 以“公司+客户”联合种植为伎俩。在集资过程中，王某某等人经常带领群众到仙人掌种植基地参观，夸大种植基地面积，宣传种植仙人掌高产利丰，引诱客户购买公司的仙人掌种片，并承诺在第一年、第二年以一定价格回收。2003年，王某某租用了厂房和仓库，建立了仙人掌加工厂，将种植基地生产出来的仙人掌和从自种客户手中回收的部分仙人掌加工成仙人掌粉和仙人掌汁，然后委托一些小型厂家进行再加工，生产仙人掌面条、仙人掌酒、仙人掌化妆品、仙人掌保健食品等产品，通过赠送仙人掌系列产品、在网上刊登仙人掌系列产品照片、在每周项目说明会上宣传等方式，向社会公众展示旺达公司有产品销售，有能力支付所承诺的高额返利，进行不实宣传，骗取信任。

事实上，种植基地只是王某某为进行非法活动制造的一个幌子。2005年以后，旺达公司就不再对生产基地进行管理，对于基地生产出来的仙人掌也不再回收。到2006年，旺达公司干脆就不再种植仙人掌了。经有关部门检验，旺达公司生产的仙健牌仙人掌蜂胶软胶囊、仙人掌酒是不合格产品。

截至2006年7月底，公司账面经营收入只有区区265万元，而各类费用支出就有1370余万元，账面累计亏损高达1100余万元。

2. 以骗取的“官商”名头为“外衣”。王某某深知社会群众对政府的信任，故在非法集资过程中，通过多种手段，疯狂骗取各类荣誉，如“2002—

2003 年度诚信单位”、“乐善好施单位”、“慈善大使” 等，王某某还成功骗取了阜阳市第三届政协委员称号，并伪造了以阜阳市人民政府名义授予的“重合同守信用单位”、“优秀企业” 等匾牌，利用各种与有关政府领导接触的机会进行合影。王某某将这些匾牌、证书及与领导的合影通过悬挂在办公室、制作成宣传画册和网络信息、刊登在自办的《旺达报》上等方式向社会公众进行宣传，制造出旺达公司实力雄厚、科技含量高、已被社会认可的假象，诱使社会公众向旺达公司投入资金。

案件查处

案发后，公安部门于 2007 年初以涉嫌集资诈骗罪、非法经营罪陆续逮捕了王某某、申某、何某某、马某某、谢某某等人，安徽省阜阳市中级人民法院于 2008 年 12 月 18 日作出一审判决，王某某等被告人不服，上诉至安徽省高级人民法院。

安徽省高级人民法院于 2009 年 3 月 26 日作出终审判决，认为王某某从事集资活动后期，在拖欠的集资款越来越多、生产不景气的情况下，明知公司经营利润不可能兑现投资客户的高额返利，却依然欺骗客户，继续大量非法集资，并任意处置集资款，诈骗的主观故意明显，构成集资诈骗罪。而申某、何某某等作为公司后期主要人员，在明知不可能兑现投资客户高额返利承诺的情况下，仍然参与公司管理，骗取集资款，认定二人系王某某集资诈骗罪的共犯。最终以集资诈骗罪判处王某某无期徒刑，剥夺政治权利终身，并处罚金 40 万元，以非法经营罪判处王某某有期徒刑十年，并处罚金 50 万元，决定执行无期徒刑，剥夺政治权利终身，并处罚金 90 万元；以集资诈骗罪和非法经营罪判处申某有期徒刑十九年及罚金 50 万元；以集资诈骗罪和非法经营罪判处何某某有期徒刑十二年及罚金 40 万元；以集资诈骗罪、非法经营罪、非法吸收公众存款罪等罪名分别判处马某某等人九年至三年有期徒刑不等，并处罚金若干；以非法经营罪判处谢某某有期徒刑三年，缓刑四年，罚金 30 万元。

案件警示

该案又是一出众多非理性投资者被高额收益迷惑双眼而酿成的悲剧。其实犯罪分子的伎俩并不怎么高超，王某某作为法人代表的旺达公司在集资前几乎没什么经营，只是到了 2005 年 1 月，王某某才从集资款中支付 50 万元，将旺达公司注册资本变更为 100 万元，后又支付集资款 400 万元，将注册资本变更为 500 万元。所以，在集资的前期，旺达公司只是一个没什么实力的小公司，而王某某租地种仙人掌也显然是做做样子，为从事犯罪活动遮目。

但随着集资活动的扩大，已经没有人在乎王某某宣传的仙人掌项目是否属实，是否真的赚钱，而只在乎承诺给自己的回报能否兑现，包括那些在网上参与传销活动的投资者，在看不到实体仙人掌的情况下就进行投资，可谓更加疯狂。所以，投资者其实已经不是在投资，而是在赌，因为只要稍加了解旺达公司的实际经营状况，就可以了解真相，但没有人愿意去直面事实。这些集体式的赌徒助长了犯罪，最终被刺伤的是自己。小小仙人掌，竟然刺伤了那么多人，实在令人深思。

“脱毒马铃薯”毒倒数百人

——吉林长春蔡某集资诈骗案

一份伪造的《合作经营意向书》，几句稍加分析就可以戳穿的谎言，短短两个月就让数百人上当受骗。我们在谴责不法分子恶劣行径的同时，也不禁为盲目轻率的参与者扼腕叹息。

案情简介

2006 年 12 月，蔡某、于某某等人注册成立了一品农业科技有限公司，由蔡某担任法人代表。该公司伪造与马铃薯加工厂签订的《合作经营意向书》，虚构开发“脱毒马铃薯”项目，以需要发展资金为名，以每单投资 1280 元，前七周每周返利 180 元，后八周每周返利 150 元的高额回报为诱饵，从 2006 年 12 月到 2007 年 2 月短短两个多月，向社会集资 2400 多万元，涉及参与者 440 余人。其后，蔡某将部分集资款转移到自己控制的银行卡中，与于某某等人携款潜逃，给参与者造成近 1700 万元的损失。

作案手段

1. 以重点项目为名义，通过合法形式掩盖非法目的。“脱毒马铃薯”是指马铃薯种薯经过一系列技术措施清除薯块体内的病毒，获得无病毒或极少有病毒侵染的种薯，这种种薯具有早熟、产量高、品质好等优点。由于马铃薯的产量和质量与种薯有密切的关系，这种技术就对马铃薯产业具有重要的影响。我国通过在马铃薯主产区推行这一技术和种薯，实现了大田平均增产 30% ~ 50% 的喜人成绩。可以说这项技术能够造福广大马铃薯种植农户，具有良好的盈利前景，如果辛勤劳动、努力经营，它将给经营者带来巨大的经济利益。可是蔡某等人放弃了诚实劳动、合法经营的阳光大道，却利用这个项目设计非法集资的陷阱，坑害了群众，也坑害了自己。

2. 虚假宣传，陌生群众、亲朋好友“一锅端”。蔡某等人在并没有真实开展项目投资，也没有履约能力的情况下，分别到东北三省各个地区，租用政府礼堂等场地召开投资人大会或项目研讨会，向群众鼓吹“脱毒马铃薯”项目的可行性、市场价值、投资款的管理以及利润空间如何巨大等，每次会议少则几十人，多则几百人参加，还通过网上截取图片、下载成功信条等手段，精心制作蛊惑人心的“脱毒马铃薯”项目虚假宣传手册大量散发，吸引众多投资者纷纷上当。作为一品公司的投资人和管理者，蔡某等人还利用原来认识的同事、朋友、亲属等各种社会关系进行集资募款，仅公司经理刘某某一人，就非法集纳款项600余万元人民币。

案件查处

2007 年 2 月，一品公司不再向投资人返款，受骗群众纷纷到当地公安部门报案，蔡某将部分集资款转移到自己控制的银行卡中后，与于某某等人潜逃至山东等地，最终于 2007 年 5 月被公安机关抓获。

法院认为，蔡某、于某某等人以非法占有为目的，使用欺骗手段集资诈骗，集资诈骗数额特别巨大，扰乱了金融秩序，给人民群众利益造成重大损失，其行为已构成集资诈骗罪。蔡某犯集资诈骗罪，判处死刑，缓期两年执行，剥夺政治权利终身，并处没收个人全部财产；于某某犯集资诈骗罪，判处无期徒刑，剥夺政治权利终身，并处没收个人全部财产。

案件警示

涉农非法集资往往以响应国家政策、发展现代农业生产、推动特种农产品开发等名义，编织关于产品、市场、高科技等各个方面的谎言，虚构一个高收入、高盈利的产业链条，让不明真相的群众一步步上当。绝大部分投资者并没有对投资项目进行实地考察、理性分析，为了追逐高额回报，轻信虚假宣传，盲目投资。

实际上，农业投资具有投资周期长、回报率低的特点，投资者只要稍加分析就能避免上当受骗。当把财产交给别人经营时，一定要着重考虑资金是否安全。如果在别人的煽动下有了投资的欲望，除非甘冒投资不能收回的风险，否则，一定要谨慎冷静，三思而后行。如果陷入了非法集资的陷阱，不但期待的高额利息得不到法律的保护，而且还可能落得血本无归的结局。如果加入了非法集资团伙为虎作伥，更将受到法律的严惩。

“金座”上的淘金梦

——云南金座公司非法集资案

一个曾经的罪犯，在狱中却未能改过自新，重回社会后旧习不改，反而更加肆无忌惮地进行集资诈骗犯罪活动，祸害百姓，最终再次锒铛入狱。

案情简介

2005年10月25日，包某某和高某某注册成立了云南金座农业科技有限公司，注册资金500万元。经营范围是农业科技开发、研究、咨询及技术转让、饲料销售。该公司成立后，在昆明以中老年人为主要对象进行虚假宣传，宣称金座公司是中国境内首家规模化种植高新农业科技企业，系中德、中美合资香椿林业产业项目，主要经营农、林、牧、药立体农业复合型产业，其业务分布在昆明、楚雄等地，每个基地都分别种植有几百亩乃至上万亩的红油香椿及金银花、板蓝根、益母草等活体植物，另外还有养殖野猪、獭兔、生态猪、生态鸡的养殖基地和大型山庄、度假村等，广泛动员客户投资上述产业，并承诺给予8%～15%不等的高额返利。

从2005年至2009年四年间，金座公司向1.2万余名中老年人非法集资总额达4.8亿多元。其中，返还集资本金1.82亿余元，支付高额利息1300余万元，支付员工“业绩”提成1.74亿余元，其余资金被包某某及公司高管以个人存款、投资、房产等形式占有甚至挥霍掉。

作案手段

1. 虚报资本，骗取注册。包某某在未实际出资的情况下，支付2.5万元委托中介公司虚假注册成立了云南金座农业科技有限公司，虚报注册资本500万元。

2. 虚假宣传，骗取信任。包某某通过各种途径把自己包装成世界杰出华商协会会员、农民企业家、2009 年“改革开放 30 周年影响农村改革中国三农先锋”、“中国骄傲——第 8 届中国时代十大杰出企业家”等形象，并在著名报刊、杂志上刊登专访文章，大量印制散发宣传资料，虚造声势，骗取投资人信任。而事实上，包某某在 1985 年 1 月曾因诈骗罪被呈贡县人民法院判处有期徒刑 5 年。

3. 参观考察，假象迷惑。通过发邀请函、频繁打电话等方式，金座公司邀请大批中老年人到公司参观考察，并用参观车带着他们到生产基地观看椿树、獭兔、生态鸡、进口鹅、家猪、野猪等，参观期间，包某某往往卷着裤腿在基地认真整理苗木，很具迷惑性。还通过公司工作人员向老年人进行极具诱惑力的讲解，给他们传递投钱给金座公司包赚不赔的假象。

案件查处

2009 年 5 月，因无法从金座公司及时收回钱款，投资者向公安部门报案，昆明市公安机关当即立案侦查。2011 年 5 月，昆明市中级人民法院审理了这起云南省最大非法集资案。法庭审理后认为，包某某使用虚假证明文件虚报注册资本，欺骗公司登记主管部门，取得公司登记，虚报注册资本数额巨大，其行为已构成虚报注册资本罪；包某某、陈某某、崔某某以非法占有为目的，虚构事实、隐瞒真相，骗取社会不特定人员资金，其行为已构成集资诈骗罪；包某某、崔某某等故意销毁应当保存的会计资料，情节严重，构成故意销毁会计凭证罪；另认定郭某某等 41 名被告人构成非法吸收公众存款罪。

2011 年 5 月 26 日，昆明市中级人民法院对该起云南省最大非法集资案作出一审判决，以集资诈骗罪、虚报注册资本罪、故意销毁会计凭证罪三罪并罚判处包某某死刑，缓期二年执行，剥夺政治权利终身，并处没收个人全部财产；以集资诈骗罪判处陈某某死刑，缓期二年执行，剥夺政治权利终身，并处没收个人全部财产；其他 43 名同案犯也分别受到相应惩处。

案件警示

金座公司的非法集资活动，主要是假借响应国家“三农”政策，发展农林、开发种植养殖业，以高额回报为诱饵，借助“洗脑”宣传及部分群众缺乏法律观念和理性心态的现状，向社会公众募集资金，给参与者造成重大经济损失。因此，广大公众要提高“免疫力”，认清非法集资的本质和危害，提高识别能力，自觉抵制各种诱惑，坚信“天上不会掉馅饼”，对号称“高额回报”、“快速致富”的投资项目进行冷静分析，避免上当受骗。

小蚂蚁，大祸患

——辽宁营口东华集团蚂蚁养殖集资诈骗案

在辽宁营口，一度有数十万群众为了蚂蚁而痴狂，小小蚂蚁成了他们眼中的财神，引得他们纷纷倾囊而出投资养殖。然而有一天醒来，他们却发现所有的投资几乎血本无归。

案情简介

辽宁省盖州市榜式堡乡，这个相当贫穷的小地方，却出了一个名噪一时、声震辽宁的大人物汪某某。大概没有人能料到，这个只有初中文化的汪某某，竟在两年多的时间内，通过养殖蚂蚁方式向当地老百姓非法集资高达约30亿元，这在经济不太发达的营口，可谓是惊天巨案了。

汪某某系营口东华经贸（集团）有限公司董事长兼总经理，自2002年5月至2004年12月，利用虚假出资成立的壳公司盖州市宇晨养殖场、营口东华生态养殖公司等企业，在实际无资金保证能力的情况下，以高额利息为诱饵，采取用后笔集资款兑付前笔集资款本金和利息的手段，诱骗投资者与其签订《蚂蚁养殖购销合同》，大肆进行非法集资活动。具体方式为：投资者以租养或代养方式，以每组1万元的价格购买汪某某提供的蚁种，汪某某承诺以35%～80%的年利息回收蚂蚁，每37天返还本息一次，分10次返清本息。同时，汪某某还在辽宁各地大肆聘请当地人员设立分公司、代办点，并支付吸收资金额5‰左右的提成，迅速扩大了集资范围。

在两年多的时间里，汪某某利用上述手段与投资者共签订10万多份合同，非法募集资金29.95亿元，其中有14.76亿元和7.21亿元分别偿还了投资者本金和利息，有7.98亿元被汪某某用于挥霍性投资项目、广告宣传、企业庆典、赞助、偿还个人贷款、借给个人或单位使用等。案发后，众多投资者血本无归，其中一名投资者安某由于受不了打击而自杀身亡。

作案手段

1. 豪掷巨款，制造声势。汪某某的东华集团之所以短时间内声名鹊起，主要原因在于其善于“烧钱造势”。如汪某某大肆在报纸、电视台发布广告，制造大量“软新闻”，宣传企业形象，号称东华集团拥有养殖、酒业、饮料业、电缆、丝业纺织、酒店业六大产业，给人实力雄厚的假象，还通过庆典、赞助活动等方式，获得机会和领导、明星合影，增加公众的信任度。据调查，这些活动就花了上亿元。2004年，汪某某还以“东华集团”冠名赞助辽宁某电视台春节晚会。2004年下半年，在资金链出现危机时，东华集团又开始铺天盖地地宣传，以诱惑更多的人把钱砸进来，如辽宁某主流媒体为东华集团做了几个整版的形象宣传；10月18日，东华集团在公司所在地盖州举行声势浩大的一周年庆典，不仅大批明星应邀表演，而且还请到两位重量级主持人，在当地引起轰动。

2. 假借实业，实为行骗。汪某某先是制造了一个蚂蚁养殖神话，向投资群众宣传蚂蚁产业利润如何之高，使得投资者相信所投资本金和利息能够保障。而实际上，东华集团的2000万元注册资本均为虚假出资，集团下的六家企业均经营惨淡。汪某某只重视集资，根本不重视生产经营，如东华酒业基本没有效益，其生产的蚁蛾精系列酒由于定价过高，销售额只有10万元左右，截至2005年5月，该公司亏损2099万元。到了后期，随着养殖户越来越多，有一半的养殖户没送蚁种，但养殖合同依然有效，到期返款。另外，东华大酒店、由振东电缆厂改制成立的东华电缆厂也都大量占用集资款，且均处于亏损状态，只有东华丝业上交集团净利润36万元。这些情况说明蚂蚁养殖等实业口号只是汪某某实施犯罪的幌子，其直接目的为实施犯罪活动。

3. 设代办点，铺集资网。为迅速扩大集资范围和增加集资金额，汪某某还组织人员在各地设立分公司，采取支付集资款一定比例提成的方式，迅速发展了刁某某、王某某等15个分公司负责人，在辽阳、营口、本溪等地开办了几十个分公司，这些分公司再下设代办点、经销处、咨询处等，触角伸向最底层的熟人社会，一个密集有力的集资网得以形成。据统计，仅这些分公司就共为汪某某集资近9亿元，有的分公司一家就集资2亿多元。

案件查处

2004年下半年，东华集团的资金链已开始吃紧，汪某某的非法集资行为也进一步加快步伐，但资金链最终还是断裂了，投资群众随后向公安机关报案。2005年6月3日，公安机关以涉嫌合同诈骗罪将汪某某刑事拘留，并于7月8日将其逮捕，随后以涉嫌非法吸收公众存款罪陆续将刁某某、王某某等15名分公司负责人逮捕。2007年2月9日，营口市中级人民法院作出一审判决，认定汪某某犯集资诈骗罪，判处汪某某死刑，认定同案刁某某等15人犯非法吸收公众存款罪，分别判处五年到十年不等有期徒刑，并处10万元至50万元罚金。判决宣告后，汪某某等14人不服，提起上诉。

2007年11月26日，辽宁省高级人民法院审理了此案并作出终审判决，认为汪某某集资行为所借助的实体企业盖州市宇晨养殖场和营口东华生态养殖公司，均系利用虚假文件、虚假出资方式成立的公司，在集资过程中，以这两家公司名义编造了养殖蚂蚁有高额利润回报的事实，以支付35%～80%不等的高额利息为诱饵，欺骗养殖户与其签订《蚂蚁养殖购销合同》，骗取社会公众资金。在骗取大量集资款后，汪某某又通过虚假出资注册成立了东华集团及其有关下属企业东华丝业公司、东华酒业公司和东华大酒店，并隐瞒有关企业严重亏损的真相，通过设立分公司、代办点继续进行集资，并将骗取的集资款进行挥霍性投资、偿还前期集资款的本息、偿还贷款及个人消费，还将集资款中的4.27亿元借给其他单位和个人，致使9802万元不能归还。因此，汪某某对7.98亿元债务主观上并无偿还意愿，也采取了有关手段进行诈骗，其行为构成集资诈骗罪且数额特别巨大，社会危害极大，应予严惩。最终，辽宁省高级人民法院裁定“驳回上诉，维持原判”。

经最高人民法院核准，2008年11月26日，汪某某在辽宁省营口市被执行死刑。

案件警示

东华集团案是我国近年来几大典型特大集资案之一，也是新中国成立以来少有的主犯被判处死刑的集资案，众多集资参与者受到了极大的伤害，尤其是退休工人将自己所有的积蓄拿去购买蚁种，结果却血本无归，甚至致使有的家庭一无所有，投资群众最终获得的偿付比率非常低。

这里特别要提及的是本案中的参与者安某，他拿自家的动迁补偿款10万元参与汪某某的集资活动，有9万多元未能收回，最终因经济压力和亲友指责而自杀。血一样的教训在警示后人，勿抱着暴富的幻想参加一些集资活动，要对自己负责，对家庭负责。

“蚂蚁致富”神话的破灭

——江苏南京冠成公司集资诈骗案

投资460元，1年后返还640元。面对这样的好事，你动不动心？就是用这样的诱饵，出生山西的许某甲一手策划了轰动全国的“蚂蚁致富神话”。2008年6月17日，随着人民法院一纸判决，这一神话宣告破灭。

案情简介

许某甲，1964年4月出生在山西绛县。虽然文化程度不高，但他从小一直做着发财美梦。为了能大规模集资圈钱，早在2001年，许某甲伙同他人（挂名股东）成立北京墨龙公司，次年在南京设立墨龙分公司，随后在广州、深圳、成都、重庆等地设立分公司。由于广州一家名为墨龙科贸有限公司的企业因非法集资被警方打击，北京墨龙公司广州分公司也一同被取缔，于是北京墨龙公司于2003年11月改名为北京冠成振兴生物科技有限公司。

2004年1月，许某甲又伙同其哥哥许某乙成立南京冠成公司，许某甲任北京冠成公司、南京冠成公司法定代表人，负责全面工作。许某乙任南京冠成公司总经理，代表南京冠成公司与受害人签订合同。马某某任北京冠成公司财务总监，具体管理许某甲收取的包括南京冠成公司在内的各地分公司上缴的集资款，并按许某甲指示划拨兑付款及各项费用支出。在全国设点搭好平台后，许某甲开始了疯狂的圈钱活动。自2002年开始，许某甲推出“星炬计划”，与客户签订特种药蚁销售合同、特种药蚁委托养殖合同、特种药蚁回收合同等三种系列合同，承诺客户每窝蚂蚁年回报率为39.13%。2004年10月后，合同调整为每窝蚂蚁投资年回报率为17.39%。

2004年1月至2005年3月间，许某甲、许某乙、马某某以南京冠成公司名义，共骗取社会不特定对象829人投资款3327余万元，资金打入个人账户，由三人占有、支配，除用于支付客户本息外，还用于个人生活消费、购置房产、汽车等。

作案手段

1. 虚构事实，夸大实力。许某甲向社会公众发布的宣传资料称，“星炬计划”是国务院扶贫办中国老区扶贫工作委员会、中国科技扶贫工作委员会在全国推广的项目；南京冠成公司、北京冠成公司是中国冠成集团的下属公司、子公司。事实上，国务院扶贫开发领导小组办公室从未成立也未主管过中国老区扶贫工作委员会和中国科技扶贫工作委员会两个机构。中国冠成集团成立后一直没有开展业务，与南京、北京冠成公司也没有业务关系，以中国冠成集团名义吸收资金的目的就是为了宣传公司经济实力雄厚、规模大，让客户信赖公司有能力返还客户的投资款。

2. 签订虚假合同，骗取信任。客户购买蚂蚁需要和公司签订合同，承诺客户以一定价格购买蚂蚁后，由冠成公司代养，一年后公司高价回收。购买者不用养蚂蚁，只需投入资金就可赚钱。

3. 许以高额回报。合同承诺客户每窝蚂蚁投资人民币460元，1年后返还人民币640元，年回报率为39.13%。2004年10月后，合同调整为每窝蚂蚁投资人民币460元，1年后返还人民币540元，年回报率为17.39%。

案件查处

冠成公司在第一年履行了承诺，但第二年4月，南京冠成公司突然人去楼空。许多参与者意识到受骗了，于是纷纷到公安局报案，南京警方随即介入调查。此案案值巨大，性质恶劣，引起了南京市领导的重视。2005年7月21日，南京市公安局经济犯罪侦查支队成立“7·21”专案组，迅速展开侦查工作。

经过缜密侦查，专案组很快确定了失踪的许某甲、马某某、许某乙的下落。2005年9月1日，藏匿在北京和成都的许某甲、马某某、许某乙同时被抓获归案。2006年1月25日，三人因涉嫌非法吸收公众存款罪被逮捕。江苏省南京市人民检察院以许某甲、许某乙、马某某犯集资诈骗罪向江苏省南京市中级人民法院提起公诉。

2008年6月12日，南京市中级人民法院作出一审判决：被告人许某甲犯集资诈骗罪，判处死刑，缓期二年执行，剥夺政治权利终身，没收个人全部财产。被告人许某乙犯集资诈骗罪，判处无期徒刑，剥夺政治权利终身，没收个人全部财产。被告人马某某犯集资诈骗罪，判处有期徒刑十五年，罚金人民币50万元。扣押在案的三名被告人犯罪所得予以追缴，发还被害人。2008年9月5日，江苏省高级人民法院经复核，确认了一审认定的事实。

案件警示

本案中，许某甲宣称集资款用于开发、研制蚂蚁产品。事实上，许某甲虽与相关单位开展过一些有关开发、研制蚂蚁产品的合作，但投入的资金量占其募集资金的比例非常小。北京冠成公司基本没有经营活动，南京冠成公司的主要活动为募集客户资金及返还到期本金及利润。不难看出，这些“神话”的横空出世自有其规律性。一是打着政府旗号，企业无法无天。二是巧借媒体东风，骗取养殖户信任。三是诱以丰厚回报，诈骗养殖户钱财。四是在骗术得手之后骗子就会溜之大吉。这种巨额回报本身是企业拆东墙补西墙才能给予的，一旦没有后续资金进来，企业就会崩盘，让后进者血本无归。

正所谓：“听故事”买古董，肯定是天价买赝品；“听故事”买股票，肯定是被套；而“听故事”搞集资，进的肯定是骗局。为了您和家人的幸福，请拒绝高利诱惑，自觉远离非法集资！

桃园计

——北京生态源公司集资诈骗案

平谷大桃闻名全国。2003 年至 2005 年，一伙不法之徒以此为名，打着“绿色农业”、“国际品牌”的旗号，以开发万亩桃园为幌子，策划了“东北集资、投资桃园”的计划……

案情简介

王某文化程度不高，曾在某部队三产工作。此人发财欲望强烈，挖空心思想做一番大事业。后经朋友介绍，王某碰到东北“资金运作高手”任某某、徐某某，商量筹集资金干大事。2003 年初，王某成立了北京生态源农业高科技有限公司，自任董事长。从 2003 年 3 月起，王某组织任某某、徐某某等策划了“东北集资、投资桃园”的集资方案，先后在黑龙江、吉林、辽宁等地，采取开“借据”的方式，并许以高额回报，骗取民间投资款 4050 余万元；在北京以签订《 承包优质大桃合同》的方式，骗取 398 名投资人投资款 3600 余万元。至案发除返还本金 1196 万余元及部分用于维持公司日常经营活动、归还前期集资款本息、支付集资中介人奖励外，其余赃款去向不明。

作案手段

1. 虚构投资项目。2003 年 8 月，生态源公司与小峪子村签订了合同，承包小峪子村 IPM 桃基地 1000 亩，金额 3980 万元，承包期 30 年。合同经过了公证，但生态源公司没有按照约定足额缴纳承包款，并没有实际取得承包使用权。王某却假借此合同，打着“绿色农业”、“国际品牌”的旗号，对外宣称公司拥有万亩桃园。公司还长期包租客运汽车，免费搭载投资人到平谷考察。

2. 虚假宣传造势。为迷惑投资人，王某在《经济参考报》整版刊登《徜徉在绿色海洋中的人们——前进中的生态源公司》文章，在《首都企业家杂志》、《中国商人专刊》等报刊上刊登广告，将国家领导人到农村视察的图像印制在公司宣传材料中，请专人讲解授课等，进行形象展示。

3. 高额奖励拉动。为迅速拉动集资额，王某、任某某、徐某某等商量发展退休人员作为中间人，对集资中介人按照其组织的集资总额给予6%～12%不等的奖励。在利益驱动下，中间人通过各种渠道，千方百计寻找投资者，有的甚至动员亲戚、朋友进行投资，共吸收资金2700余万元，进一步带动了投资疯狂。

4. 前期履约"洗脑"。根据合同约定，投资人每年有48%的回报。最初王某等人利用不断收取的集资款，按时支付前期投资人高额回报，当投资人真的拿到高回报后，就成了给后来者"洗脑"的现身说法者。

5. 个人账户转账。刚开始，王某将集资资金存入生态源公司账户，后来，王某以儿子名义开办个人银行卡，将集资资金全部转到该银行卡内，支出资金也从此卡中转出。如此操作，从公司角度无法看出资金异动，以此逃避监管。

案件查处

2004年夏，此案事发，王某及任某某、徐某某等先后被公安部门逮捕。北京市人民检察院第二分院分别于2007年5月14日、2008年8月5日向北京市第二中级人民法院提起公诉。2008年9月19日，北京市第二中级人民法院依法作出判决。

法院认为：王某、任某某、徐某某无视国家法律，以非法占有为目的，使用虚构集资用途等诈骗方法非法集资，其行为均已构成集资诈骗罪，且数额特别巨大，依法应予惩处。依法判处王某无期徒刑，剥夺政治权利终身，并处没收个人全部财产；任某某有期徒刑十三年，并处罚金26万元；徐某某有期徒刑九年，并处罚金18万元。同时，中间人殷某某等4人违反国家有关规定，为牟取非法利益，变相吸收公众存款，扰乱金融秩序，数额巨大，其行为均已构成非法吸收公众存款罪，依法分别被判处有期徒刑并处罚金。

案件警示

1. 主管部门要加强监测预警。生态源公司自2003年5月23日成立后至案发，申报纳税一直为零，且未参加2004年度、2005年度的企业年检。在此期间，地方报刊杂志等媒体也曾刊载生态源公司的宣传文章、广告。如果相关行政管理部门建立了完善的监测预警机制，就能及时发现该公司没有实际经营活动及进行虚假广告宣传的情况，尽早对公司的非法活动予以打击。

2. 社会公众要提高风险防范意识。一是要加强对投资项目的考察。就本案而言，农业投资是长期、低回报的投资，只要找桃农了解一下，就能知道一亩地能够种植多少棵桃树，每棵桃树一年有多少收入，每亩桃树有多少纯收益。购买桃树的投资人不了解、不分析，仅听生态源公司单方面的宣传，就相信了桃树一年有48%的回报，其投资必然缺少理性，受骗在所难免。二是要有投资风险意识。高收益必然伴随着高风险，“天上不会掉馅饼”，也不可能一夜暴富，要正确判断自己的抗风险能力，更要认识到非法集资不受法律保护，参与非法集资活动的风险和损失将由自己承担。本案中的投资人大多是退休老职工，节衣缩食将退休金进行投资，被骗之后，血本无归，严重影响了今后的生活。

揭开托管造林的神秘面纱

——亿霖集团非法经营案

“合作造林，首选亿霖。”短短两年时间，亿霖木业集团有限公司凭借这一诱人的广告和骗术非法销售林地42.2万亩，遍及全国11个省市，造就了5个“千万富翁”、18个“百万富翁”，涉案资金16.8亿元人民币，受骗人数达2.2万人。“画皮”剥下之后，这一广为人知的托管造林公司终于露出了非法经营的真实面孔。

案情简介

赵某某，汉族，辽宁省沈阳市人，亿霖木业集团有限公司股东。2003年4

月因非法传销被法院以非法经营罪判处有期徒刑一年六个月，并处罚金人民币35万元。2004年1月，因犯非法经营罪被判处有期徒刑六个月，并处罚金人民币5万元。两罪并罚，决定执行有期徒刑一年十个月，并处罚金人民币40万元。赵某某在服刑期间，与屠某某、赵某甲等人合谋出狱后重新以传销方式销售林地获利。2004年4月7日，赵某某刑满获释后，注册成立了内蒙古亿霖木业有限公司、北京亿霖木业有限公司等一系列公司，从事所谓合作托管造林经营活动。赵某某是亿霖集团的控股股东和实际控制人，为亿霖集团制定了销售策略、宣传纲要及提成比例等。

2004年4月至2006年5月，赵某某等人以亿霖集团为依托，以合作托管造林可以获取高额回报为名，积极发展传销队伍，开展传销活动。在北京、内蒙古、辽宁等11个省（自治区、直辖市）的45个县（市、区），累计签订林地购置合同1082份，涉及林地面积共计96万余亩，合同金额8.8亿余元。同期，按照赵某某等人制定的经营策略和模式，亿霖集团各级营销团队运用传销手段，以每亩3700元的价格累计销售林地面积42万余亩，净销售额高达16.8亿余元，其中支付销售人员提成返利高达4.5亿元。

作案手段

1. 传销老手，重操旧业。因非法传销锒铛入狱的赵某某2004年4月出狱后，立刻重新组织传销队伍。首先在全国多个省市低价收购林地，然后以分公司作为销售主体，下设销售部，各销售部依层次设部长、销售经理、销售主管、业务员四级销售人员，形成金字塔式上下线结构。销售分公司及下属各销售部采用招聘、社区宣传、媒体广告或亲友间介绍等形式招聘员工、招揽客户，按统一口径对应聘人员或购林人进行培训授课，以一对一贴身帮教、收取入门费等手段，吸引投资者高价购买林地。承诺“在亿霖集团投资购林能获得高额回报，合同期满，保证15立方米/亩的出材量，不足部分，公司以自有林地予以补偿，公司按市场价格收购，管护费用由银行监管，对购买的林木有保险，所购买的林地有林权证”等。

各销售人员以亿霖集团的名义与购林人签订《林业绿化工程合同》《林业绿化工程管护合同》《林业绿化木材收购合同》。亿霖集团将收取的销售款按25%的比例返给分公司，作为销售人员的报酬及费用开支。各级销售人员的收入均按销售林地面积的比例提成，上级销售人员以下级销售人员的销售业绩为依据计算获取报酬，而以管护林地为名收取的3亿余元“林地管护费”，既未按合同交银行监管，也没有作为管护费用用于林地管护专项支出，而是被混入销售林地款，用于各级销售人员提成和挥霍。

2. 广告轰炸，蛊惑人心。出狱后的赵某某组建亿霖集团后就以高调姿态出现在世人面前。2004年，“合作造林，首选亿霖”的广告语曾密集地轰炸过人们的眼球，不仅电视、报纸、户外灯箱上都登有“亿霖木业”的广告，每隔一段时间，各媒体还广泛刊登亿霖集团招聘销售人员的广告。如此铺天盖地的宣传，吸引了众多怀揣发财梦想的老百姓走进亿霖集团。

为能让投资者放心掏钱，赵某某下了一番苦功：工商、税务登记注册资料齐全，在互联网上建网站，选择北京高档写字楼作为其营业场所，找著名艺人明星做形象代言人。一系列的精心包装将亿霖集团的传销本质掩盖起来，每一个到过亿霖集团的人都没觉得这是一家骗人的公司。不到一年时间，亿霖集团就发展成一个有近3000人的大公司，上万名投资人倾尽所有买了亿霖集团的林地。

3. 弄虚作假，欺上瞒下。赵某某等人伪造中国技术监督情报协会与《中国质量与品牌杂志社》颁发的“群众满意荣誉证书”，编造林业专家关于种植速生杨等树种的经济价值评估研究成果，谎称林业专家的实验结果年回报率高达28.2%。同时，相关分公司在经营中有意夸大欧美杨生长量及收益，歪曲推论森林资源状况和市场分析，却对国家林业局发布的《关于合作（托管）造林有关问题的通知》中有关限额采伐制度的规定和经营成本避而不谈，进行不实的林业政策宣传，误导社会投资者。

案件查处

何女士是最早一批感觉受骗并报警的人之一。为了让儿子早一天买上房，北京退休老师何女士一直希望找份工作，于是她拨通了亿霖集团的电话，希望应聘洽谈师这一岗位，一位业务员热情地邀请她去公司所在的金融街国企大厦面试。在亿霖集团，何女士第一次听说托管造林这个词，第一次真切地感受到传销者的蛊惑之术。“我们公司主要从事托管造林，也就是说，我们把承包或收购的林地卖给投资人，再接受投资人的委托对林地进行管护，等林木长成后，双方再进行利益分配。而我们销售的全是速生丰产林，林木 7 年后保证成材见效益，每亩地的净收入可达到六七千元。买的地越多，好处越大。”“阿姨，你如果花 40 万元购买林地，就可以直接当销售经理，那样收益会更大。”业务员煽情的介绍打动了何女士，随即取出自己的全部积蓄 10 万元，加上儿女的 20 万元，又把老母亲的 10 万元养老费也借了出来。东拼西凑交完款后，亿霖集团的人却说，考虑到何女士年龄大，劝她最好不要当经理了。

突如其来的变故，不禁让何女士对重金购买的林地也担心起来。由于 40 万元购林款事关全家人的命脉，2005 年夏天，64 岁的何女士瞒着家人独自去内蒙古自治区通辽市考察。到了林地面前，何女士惊呆了，眼前的情景让她欲哭无泪：所有的树只有筷子那么粗，高矮也就是一尺多，而且全是死树，没有活的，再看周边丛生的杂草，比树都高好多。让何女士更加震惊的是，她在亿霖集团购买的 150 亩林地全部都是这样。当初何女士曾多次要求去实地考察一下，但是公司的工作人员以天气冷、工作忙等各种借口拒绝了何女士的要求。从通辽回来后，何女士向北京市公安局报了案。

继何女士之后，北京市公安局经侦部门又陆续接到市民关于亿霖集团涉嫌传销的举报。为打击传销犯罪、减少广大购林群众的经济损失，2006 年初，北京市公安机关成立专案组开始对亿霖集团进行全面调查。2006 年 6 月，包括赵某某、赵某甲在内的亿霖集团几名高管被警方抓获。截至 2007 年 7 月，亿霖集团传销案共抓获犯罪嫌疑人 60 余名，收缴、冻结了部分涉案资产和资金。

历经两年多的调查，2009 年 3 月 23 日，亿霖集团传销案在北京市第二中级人民法院一审宣判。法院认为：赵某某等 28 名被告为获取非法利益，无视国家的法律法规，组织、领导传销团队，以注册成立的经营实体为依托，从事非法传销活动，严重扰乱了市场秩序，情节特别严重，侵犯了国家对市场的管理制度，影响了市场经济的健康运行，已构成非法经营罪，依法应予惩处。一审判决主犯赵某某犯非法经营罪，处有期徒刑十五年，并处罚金人民币 30034 万元；其他相关责任人被判处有期徒刑，并处罚金。2009 年 6 月 17 日，北京市高级人民法院作出终审判决，对赵某某等 24 名被告人维持原判，张某某等 4 人依法减轻或免予处罚。

案件警示

近几年来，我国发生多起以托管造林为名进行传销和非法集资的案件，其涉及面之广、涉案人数之多、涉案金额之大，造成社会影响之恶劣，令人咂舌。托管造林公司采用的欺骗手段主要有几种：一是为公司披上合法外衣，极力宣传托管造林是响应中央 9 号文件①精神；二是以林权证为幌子，骗取投资人的信任；三是夸大林木生长量和林业投资回报率；四是装扮公司形象，赢得投资者好感；五是对政策进行不实宣传和误导。亿霖集团案的教训十分深刻。

一是名人要加强自律。亿霖集团聘请知名艺人做广告或担当代言人，其负面效应不可低估。这一社会现象的出现与相关立法的缺位不无关系，而类似事件所折射出的名人职业道德、缺乏自律等问题也同样值得关注。在利益面前，一些名人往往将社会公德与职业操守抛之脑后，更多关注了金钱而忽略了社会影响，反映出部分名人社会责任意识的淡薄，没有顾及到不实宣传所带来的严重后果。

二是要加强广告宣传的监管。亿霖集团之所以能够行骗成功，与密集的广告发布紧密相关，这也是此类传销诈骗案的主要经营方式，发布广告的媒体成为骗子们敛财最主要的工具。受害人尚先生说道：“没有广告宣传，我是不会信的。2006 年 5 月 31 日，警方开始立案调查亿霖集团时，一家很有影响的报纸还在给亿霖集团作整版的广告。如果我有重新选择的机会，我要特别注意没亲眼见到的东西不能相信，以后做事情我只能相信自己。”

三是投资者要提高投资风险意识。赵某某作为亿霖集团的实际掌控人和亿霖传销模式的制定者，在新生的托管造林业中嗅到了发财的机会。他曲解 2003 年出台的《加快林业发展的决定》中“放手发展非公有制林业”，“凡是有能力的农户、城镇居民、科技人员、私营企业主、外国投资者、企事业单位和机关团体的干部职工等，都可单独或合伙参与林业开发”的规定，利用中央文件做幌子，披着“响应政府号召，支援国家建设，广泛整合资源，建设优秀平台，提供高额回报”的“画皮”，打着“托管造林”的旗号，用信息不对称、两头不见面的伎俩来骗取老百姓，以层层加码传销的方式非法集资，让

① 实际中央 9 号文件并没有此规定，只是骗子打着此旗号而已。

许多人踏上了“投资创富”的不归路。

世上本没有免费的午餐。敬告广大善良的人们：切莫盲目轻信高额回报的宣传，远离传销，远离非法集资！

托管造林的幻梦

——北京鑫世伟博公司集资诈骗案

投资购买林地进行托管造林既可以获得高额利息回报，又可以转手卖出获利，面对一家号称在河北、内蒙古多地拥有数千亩林地的公司的“承诺”，众多投资人难以抗拒，却没有想到这不过是幻梦一场。

案情简介

刘某某1952年出生于河北省饶阳县，初中文化。曾在北京注册多家公司，但没有进行实际、真实的经营。2004年10月，他与北京无业人员崔某某商议后，通过中介公司虚假出资500万元，注册成立了北京鑫世伟博科贸有限责任公司，崔某某任董事长，刘某某任总经理。2004年12月至2005年6月，二人在北京市朝阳区承租写字楼，虚构投资合作托管造林项目，大肆进行宣传。在半年时间里，先后诱骗70余人向鑫世伟博公司投资1029万元，签订了560亩林地托管合同。

由于鑫世伟博公司没有经济实体，没有正当的经营业务，公司的运转靠后面投资者的投资支付前面投资者的到期本息及介绍人的提成返点，维持到2005年5月，公司开始入不敷出，资金链断裂，刘某某、崔某某随后潜逃。非法吸纳的资金除小部分用于购买林地、支付投资人短期回报外，其余大部分资金被刘某某、崔某某挥霍一空，造成投资人损失600多万元。

在销售林地的同时，刘某某还另起炉灶，2005年6月至11月，以其实际控制的北京万森源科贸有限责任公司的名义，谎称购买该公司的成材林、投资该公司的煤炭物流等项目可以获取远高于银行存款利息的高额回报，骗取20余人投资款84万元。2005年9月至2006年2月，刘某某采取类似方法，以其任法定代表人的北京久阳恒通科贸有限责任公司等名义，谎称投资久阳恒通公司的煤炭及物流项目可获取高额回报，骗取30余人投资款196万元。

作案手段

1. 高额回报做引子。刘某某、崔某某二人对外宣传许诺，支付林木投资月息为4% ~10%，介绍购买林地的，则可获得18%的高额提成。

2. 林地托管做幌子。刘某某、崔某某二人到河北省某县，与某村签订租赁该村林地40 亩、租期10 年的协议。然后对投资者谎称，公司买了河北丰宁、固安、文安、永清、廊坊以及内蒙古林西等地的3580 亩地，进行林地开发，吸引投资人与公司签订林木托管协议书或合作托管造林协议书。

3. 上课参观洗脑子。为了获取投资者信任，刘某某、崔某某将群众带到公司上课，向他们提供在河北某县签订的40 亩林地租赁合同及林权证，并带他们到该林地参观，鼓动投资者融资购买林地，获取高额回报，然后将林地卖出去。

4. 亲戚协助当骗子。刘某某、崔某某开展集资并未在媒体做广告，更未请明星代言宣传，主要是通过亲戚、朋友关系把投资人拉入骗局。其中有个不容忽视的人，那就是崔某某的婶婶高某某，2004 年12 月至2005 年6 月，高某某直接介绍他人向鑫世伟博公司投资，并参与介绍提成比例制定等活动，帮助刘某某、崔某某变相非法吸收公众存款977 万元。

案件查处

2005 年5 月，鑫世伟博公司已运行维艰，难以支付利息，刘某某于此时离去，崔某某也于该年8 月因涉嫌票据诈骗获刑，由于二主事者均缺席，公司勉强维持到11 月就散了。在此期间，作为“总网头”的高某某受到投资者要求支付投资款的巨大压力，在无法坚持的情况下向公安部门报了案，北京市公安局朝阳分局予以立案，并于2006 年4 月和6 月分别逮捕崔某某、刘某某二人。

法院认为，刘某某单独或伙同崔某某，以非法占有为目的，使用诈骗方法非法集资，均构成集资诈骗罪，数额特别巨大，应依法惩处；认定高某某帮助刘某某、崔某某非法集资，变相非法吸收公众存款，扰乱金融秩序，行为构成非法吸收公众存款罪，数额特别巨大，应依法惩处。依法判处刘某某无期徒刑，剥夺政治权利终身，并处没收个人全部财产；判处崔某某有期徒刑十五年，并处罚金 50 万元；判决高某某有期徒刑三年，并处罚金 30 万元。

案件警示

随着社会公众对非法集资活动辨识度的提高，过去一些空手套白狼式的集资花招已玩不下去，于是一些以经营实业为幌子的非法集资方式出现了，本案中以林地经营、托管造林名义进行集资就是一种常见的方式。

合作托管造林通常的操作方式是，公司通过租赁、承包或以其他方式获取林地使用权及林木所有权，转让给社会零散投资者；投资者再将林地和林木委托公司经营，公司向投资者承诺一定的投资回报率。目前托管造林存在着五大风险：林木的培育过程中存在气候、森林火灾、病虫害等不确定因素带来的风险；林木的成长受林木品种、经营管理和科技含量的制约；林木收益受林木生长量、市场行情、经营成本和社会环境等因素的影响；林权证的发放程序复杂，如果是在基本农田、行洪道区、湿地自然保护区造林的，由于不符合国家有关政策，因此不可能发证；一些林业公司签订林地租赁协议时一般是分期付款，给投资人留下风险隐患。

以托管造林为名的非法集资活动，往往采取城市集资、异地造林、投资者与林地林木不见面的手段，再加上资金使用周转期长，很容易变成“绿色陷阱”。面对这样的诱惑，投资者要理性分析，切勿盲目信任骗子单方面的宣传，谨慎投资，谨防受骗。

第三章
涉及项目开发类非法集资

近几年来，投资已成为中国经济快速发展的重要引擎。但一些不法分子打着项目投资的旗号，虚构房地产、生态旅游、矿产水电资源开发等项目，吹嘘项目发展前景光明，参与投资能获得高收益回报，诱骗不明真相的群众参与，大肆进行非法集资活动。实际上，所谓的开发项目多是子虚乌有，早期的回报是后面投资者投入的资金，一旦吸纳的资金不足以维持资金链的运转，不法分子就会关门大吉，让参与者血本无归。

本章收录了八篇以项目开发为名的非法集资案例，提醒广大群众认清不法分子的真实面目，不要被美丽的谎言蒙骗。

“疯狂”的代价

——湖南湘西州非法集资系列案

1998年九十月间，湖南省一个偏远的少数民族自治州因非法集资引发的群体性事件为全国关注。近百亿元的集资金额，50家重大企业涉案，涉及多个阶层和众多家庭的高参与率，使得该案尤为引人瞩目。无论是集资者还是参与者，都为这种“疯狂”行为付出了惨重的代价。

案情简介

湘西州非法集资历时十余年，经过了一个从民间融资到非法集资、从小到大、从隐蔽到公开的复杂演变过程。1998年，当地个别企业为解决资金困难，采取极为隐蔽的方式，以略高于银行同期贷款利率的回报率，主要向单位内部职工和利益关联者进行民间融资。后来，这些融资活动由当初范围较小、回报率较低的民间融资行为，逐步演变为集资企业和参与者日渐增多、回报率持续攀升的非法集资行为。

由于这些集资企业多以房地产和矿产品开发为投资对象，受2008年初房地产市场不景气和矿产品市场价格持续走低的影响，部分企业开始陷入经营困境，出现资金紧张。2008年8月中旬，几家涉嫌非法集资的企业资金链出现断裂，相继宣布延期兑付集资户本金和暂停付息。9月4日，部分非法集资企业不能按时兑现到期本息，引发了集资人员围堵街道、铁路的群体性事件，湘西州非法集资问题爆发。9月25日，再次发生部分上访者冲击州政府、堵塞铁路事件，并引发了部分社会闲杂人员打砸抢事件。

根据登记确认，湘西州非法集资企业达50家，集资金额93.56亿元，参与人数7.19万人，涉及湖南省14个市（州）和湖北、贵州、重庆等周边省市。其中：重大非法集资企业20户，集资金额86.42亿元，以息抵本后金额57.15亿元，参与人数6.17万人。如三馆房地产开发集团有限公司曾某某等自2003年11月至案发，共向2.42万人累计集资34.53亿元，造成集资户损失6.2亿元。福大房地产开发有限公司吴某某等自2004年11月至案发，共向1.65万人累计集资24.09亿元，造成集资户损失6.14亿元。金丰农业科技开发（集团）股份有限公司王某某等自2005年7月至2008年9月，共向5754人集资8.84亿元，造成集资户损失2.26亿元。新世纪锰业有限责任公司徐某某等自2007年1月起至案发，共向1.14万人次集资4亿多元，造成集资户损失2.52亿元。

作案手段

1. 以项目开发为名吸引公众参与集资。该案涉案企业的法定代表人或实际控制人，最初大多是通过挂靠具有开发资质的企业，利用项目开发或以项目开发为名集资赚取“第一桶金”，继而成立公司开展更大规模的集资活动。如三馆公司总裁曾某某于2003年挂靠邵阳市建筑安装工程公司，再以该公司名义挂靠具有开发资质的吉首市国土房屋综合开发公司，参与湘西州“三馆项目”开发竞标，中标后即以邵阳市建筑安装工程公司驻吉首开发部名义，以开发“三馆项目”为由向社会公众集资；2004年1月，曾某某成立三馆公司后，即以该公司名义继续进行集资。

2. 不断成立新的公司扩大集资规模。一些涉案企业为扩大集资规模，利用集资款不断投资成立新的公司，甚至设立专门的“集资公司”。金丰集团董事长王某某开展集资活动，就是通过集团旗下各公司运作的。从2005年7月起，王某某先后通过挂靠相关房地产开发公司，以开发房地产项目为由向社会公众集资。2006年3月，王某某用集资款400万元注册成立了福诞公司，以该公司名义继续进行集资。2006年8月，王某某借款1亿元注册成立了湖南永丰担保有限公司（验资后资金即被转走），并以该公司名义，通过与集资户签订股份转（受）让协议，约定永丰公司向集资户转让部分股份，公司按期以月利率4.5%分配红利。2007年3月，王某某用1000万元集资款注册成立了湘西州汇丰创业投资股份有限公司，专门从事集资业务，与集资户签订委托投资协议或借款协议，约定由汇丰公司代理集资户进行投资，按月利率2.5%～8%支付投资收益。2007年3月，王某某成立了湖南金丰农业科技开发股份有限公司，作为上述各公司的母公司，并于同年5月设立了金丰集团。

3. 用集资款增加公司注册资本虚构公司实力。一些集资企业为彰显实力，在集资获取一定资金的情况下，即运用集资款增加公司注册资本，为进一步开展集资活动奠定基础。2008 年 4 月，曾某某用收取的集资款出资，将三馆公司注册资本从 819 万元变更为 6189 万元。2007 年 4 月，王某某将福诞公司的注册资本从 400 万元增至 2000 万元，也是使用的集资款。

4. 不计后果提高集资利息诱惑群众。为套牢集资群众，吸引更多集资款，加之集资企业增多的“竞争压力”，各企业逐年提高集资利息。2005 年以后，三馆公司逐步提高集资利息，从月息 1.67% 逐渐上涨至 10%；2007 年 9 月起，三馆公司还按集资款存期的不同给予集资户每万元 250 ~ 500 元不等的奖励，至 2008 年 8 月支付集资户奖励金额累计高达 1.1 亿元。新世纪公司自 2007 年 1 月开始集资即实行返点政策，从每万元返点 200 元，最高达到 1300 元；月息则从最初的 5% 逐步提升到 25%。

5. 各种奖励鼓动工作人员和集资户充当集资中介。为提高工作人员和一般集资户充当中介的积极性，集资企业出台了多种奖励政策。福大公司自 2005 年起，对介绍客户集资的中介人员，从集资款中一次性给予 2% ~ 6% 不等的费用，先后共发展中介人员 97 人，支付费用 3672 万元。金丰集团王某某向工作人员下达融资任务，每集资 1 万元给予 50 元回报奖励；同时通过中介人员介绍集资，每融资 1 万元给予 200 ~ 400 元不等的奖励，公司共支付奖励提成等 1923 万元。

6. 不惜成本夸大宣传骗取集资户信任。为骗取社会公众的信任，集资企业极尽夸张之能事，通过各种手段开展宣传活动，不惜血本。如三馆公司共耗资 982 万元，通过媒体虚假宣传公司开发项目多、房产销售好；邀请明星参加公司周年庆典、开展情系民工等活动，提升公司影响力；花钱为公司及总裁曾某某个人换取“湖南商业地产十强”、“消费者信得过单位”、“中国企业改革全国示范单位”，“中国企业改革十大杰出人物”、“中国诚信企业家”等荣誉。

7. 后集资款归还前集资款维系资金链。由于集资利息逐步飙升，而经营亏损严重，集资企业只能通过后集资款归还前集资款及支付利息，勉强维持资金链，直至无法维系而断裂，案发时大部分涉案企业资不抵债。

案件查处

湘西州案件爆发后，湖南省公安厅和湘西州公安局迅速成立“10·2”专案组，从全省公安系统抽调经侦民警320余名，分成18个专案小组，对20家案情重大的非法集资企业单独立案侦查，于2008年10月2日对企业法人代表和高管人员实施集中抓捕，对228名涉案人员采取集中监视居住等强制措施，对65名犯罪嫌疑人依法实行逮捕，对涉案资产采取保全、查封、冻结、扣押等措施，对赃款赃物进行追缴。公安机关对其余30起案件也进行了积极侦办。

至2011年6月底，20起重点案件的侦办工作已全面完成，除3家企业经检察机关审查作出不起诉决定外，其余17家已被提起公诉，其中3起案件已终审判决：福大房地产公司案主犯吴某某犯集资诈骗罪，判处死刑，缓期二年执行，并处没收个人全部财产；艺苑文化娱乐公司案主犯石某某犯集资诈骗罪，判处死刑，缓期二年执行，并处没收个人全部财产；光彩房地产开发公司案主犯张某某犯非法吸收公众存款罪，判处有期徒刑十年，罚金18万元。4起案件已一审判决：三馆房地产公司案主犯曾某某犯集资诈骗罪，判处死刑，并处没收个人全部财产；新世纪锰业公司案主犯徐某某犯集资诈骗罪，判处死刑，并处没收个人全部财产；金浩房地产公司案主犯陈某某犯集资诈骗罪、非法吸收公众存款罪，数罪并罚，判处死刑，并处没收个人全部财产；金丰农业科技开发集团案主犯王某某犯集资诈骗罪，判处死刑，缓期二年执行，并处没收个人全部财产。

其余30起案件，已有18起依法判决，1起案件撤诉，其余11起正在进一步侦办中。

案件警示

1. 理性面对高利诱惑。非法集资具有很大的迷惑性，其之所以能够滋长蔓延，主要原因一是不法企业以高额回报诱骗群众参与，二是群众对非法集资性质认识不足、投机暴富心态作祟。面对高利诱惑，社会公众要摆正心态，理性分析。如在本案中，集资企业不断提高集资利息，最高时达到了月息25%，只要稍加分析就可以知道，即使企业经营良好，其利润也根本不可能维持如此高利的支出。

2. 摒弃从众心理。本案参与集资人员达7.19万人，其中湘西州首府吉首市参与人数6.17万人，2008年吉首市人口仅20多万，如果按照每户家庭3口人匡算，约90%的家庭参与了非法集资。不少人参与集资的原因是看到他人参与且获得了高额利润，于是纷纷加入，甚至借钱参与。这是盲目的从众心理，既没有考察被投资企业和项目的实际情况，也没有考虑自身的风险承受能力，往往付出惨重的代价。

没有天鹅的“天鹅湖”

——广东连山天鹅湖管理区集资诈骗案

风景秀美、水力资源丰富的广东连山县，不但没有发挥出自身的优势，还被犯罪分子打着招商引资的旗号，虚拟天鹅湖水库旅游和水力资源发电两个项目，假借政府名义对外吸引投资，招摇撞骗。

案情简介

韦某某是广东省清远市连山壮族瑶族自治县侨务办公室一名干部。2001年10月，韦某某与一名台湾商人以中国旅行社名义合作开发该县福堂镇天鹅湖水库旅游资源，同月25日，以个人名义与喇叭口村等天鹅湖水库周边自然村签订了《天鹅湖开发合作协议书》，约定由韦某某出资，各自然村无偿提供荒山地入股参与合作开发。但连山县有关部门同意立项后，台湾商人却不见了影踪。韦某某不甘心放弃，又找到了陈某进行旅游项目开发。

陈某策划成立了连山天鹅湖生态旅游管理区，在广州设立办事处，由陈某甲负责办事处事宜，专门推广项目以募集资金，并约定集资款广州办事处占60%，天鹅湖管理区占40%（分成比例后期在执行中略有调整）。公司成立后，广州办事处开始招收业务员进行疯狂“招商引资”，把天鹅湖管理区土地以每亩2万元人民币的价格租给投资者，连山县中旅社向投资者承诺支付8%、10%、25%、30%不等的高额回报。2002年3月至2003年9月，陈某、韦某某、陈某甲等人采用上述欺骗手段在广州向499名投资人集资近3000万元。在收到集资款的当天，三人即按约定比例进行分占，实际投入天鹅湖景区建设的只有470多万元。

另外，依照天鹅湖旅游集资模式，陈某等人还如法炮制，以水力发电为载体，在陈某的策划下由韦某某虚假出资103万元注册成立了连山县福堂山区资源开发有限公司，从事水电资源开发。公司在广州设立办事处，负责在广州非法集资，以每千瓦15000元的价格将福堂山区公司的用电权出售给投资者。2002年11月至2003年9月，共向806名投资人非法集资3640多万元，仅有约1215万元投入电站建设，另支付客户投资回报200余万元。

2003年6月，陈某获悉公安机关将查处天鹅湖管理区和福堂山区公司集资情况，便指使韦某某、虞某某等人制造假账、虚列支出3311万元，掩盖非法分占集资款的真相。

作案手段

1. 利用政府招商，获取投资者信任。在天鹅湖管理区广州办事处成立以后，陈某等人以邀请连山县一些干部参加推介会等手段，对外进行招商引资，使投资者误以为开发天鹅湖是政府行为，骗取投资者对办事处的信任。事实上，连山县政府及有关部门并不清楚陈某等人集资款的使用去向，更没想到其约定私分集资款欺骗投资者。福堂山区资源开发有限公司注册登记以后，也采取以上类似的手段开展招商引资活动。

2. 拉拢腐蚀干部，违规办理土地证书。为促使投资者作出投资决定，2002 年 9 月下旬，韦某某拉拢连山县国土和建设环保局有关干部办理土地他项权利证明书。利用这些证明书，陈某、韦某某等人使投资者更加相信投资项目的真实性和可靠性，从而得以继续实施诈骗，至案发共为投资者办理《集体土地他项权利证明书》（分证）512 本，实发 497 本，涉及土地租赁面积 1258 亩，承租金额 2516 万元。

案件查处

陈某等人的集资活动很快引起了有关部门的注意，且由于承诺的收益高、投入实体建设资金很少等原因，向投资者支付到期收益变得困难，终于在 2003 年 9 月被群众举报揭发。2003 年底，陈某、韦某某等犯罪嫌疑人陆续被公安机关逮捕，广东省清远市人民检察院指控陈某等人犯集资诈骗罪，于 2004 年 10 月 20 日向广东省清远市中级人民法院提起公诉。

本案经过清远市中级人民法院一审、重审，2010 年 12 月 22 日，广东省高级人民法院作出终审判决。法院认为，天鹅湖管理区及其广州办事处均依法设立，表面上看陈某一伙是利用管理、经手天鹅湖管理区财产的职务之便侵吞公司吸收的投资款，但由于陈某等人向公众集资未经批准，在推介项目的同时隐瞒了他们私分大量投资款，且明知仅凭投进项目建设部分投资款不可能兑现向投资者作出的回报承诺，还在长达一年半的时间里继续欺骗投资者，故意非法占有及欺骗行为明显；同时，其采取给投资者办理《集体土地他项权利证明书》（分证）、对《土地使用权租赁合同》进行公证、邀请连山县一些干部参加推介会等手段，欺骗投资者使其误以为开发天鹅湖系政府行为，还对政府隐瞒分占集资款的真相，认定陈某等人构成集资诈骗罪。由于天鹅湖管理区从设立之日起，就是为了募集资金，几乎没有其他经营，而募集到的资金相当一部分被陈某等人非法占有，用于景区项目建设的寥寥无几。连山中旅社支付给投资人的回报，其来源也是天鹅湖管理区非法募集到的资金，采用了“拆东墙补西墙”的办法搪塞投资人。因此，天鹅湖管理区和连山中旅社实质上只是陈某、韦某某等人实施集资诈骗的手段，其行为是个人犯罪。同样道理适用于福堂山区项目。最终，以集资诈骗罪判处陈某死刑，缓期二年执行，剥夺政治权利终身，并处没收个人全部财产；以集资诈骗罪判处韦某某无期徒刑，剥夺政治权利终身，并处没收个人全部财产。以集资诈骗罪判处其他被告人十三年到六年不等有期徒刑，并处罚金。

案件警示

在经济较为落后地区，招商引资发展当地经济的冲动非常强烈，本案中虽然当地政府有关人员没有犯罪故意，但其种种行为在帮助犯罪分子达到不法目的过程中基本是不可或缺的因素。因此，此类行为务必引起有关政府部门的重视，严格规范招商引资行为，避免政府信誉受损。

以假乱真的骗局

——辽宁张某非法集资诈骗案

虚假的公司、虚假的合同、虚假的土地证书、虚假的开发项目……张某——一名普通工人，就是用这样一系列虚假的工具，完成了他的骗局，仅仅半年时间，竟有1000多人入局……

案情简介

2006年4月，沈阳药科大学劳动服务公司工人张某从他人手中购得“沈阳昊隆房地产开发有限公司”营业执照，并伪造沈阳昊隆房地产开发有限公司与沈阳恒信国有资产经营公司、沈阳国瑞对外贸易有限公司的股权转让合同，通过发展下线，以开发“沈阳轮胎市场”的名义，采取付给高额市场开发费及利息的方式，在抚顺、本溪、沈阳等地面向社会进行集资。

2006年8月至10月间，张某与新民市物资总公司签订协议，约定兴建塑料交易中心，但由于土地使用权证书无法取得，张某遂伪造了土地使用权证书，以兴建“新民塑料交易中心”为名，用同样手段继续进行集资。2006年4月至10月，共向1300余人非法集资5255万元，仅返还750余万元，有4500余万元集资款至案发时尚未返还。

作案手段

1. 伪造证件，掩人耳目。张某通过从他人手中购买房地产开发公司的营业执照，伪造与其他具备房地产开发资格公司的股权转让合同，伪造土地使用权证书等方式，让自己“摇身一变”具备了相关项目开发资质，为其后以项目开发为名实施诈骗活动做好准备。

2. 虚构项目，高利诱惑。张某先后以开发“沈阳轮胎市场”和“新民塑料交易中心”的名义进行集资活动，由于有项目又有高额回报，短期内即吸引了大批公众参与。而实际上，“沈阳轮胎市场”是其他开发商在开发，张某用伪造的股权转让合同制造的合作开发的假象。“新民塑料交易中心”的开发则纯属虚构，开发土地还处于被查封状态，土地使用权证也是张某伪造的。

3. 发展下线，扩大规模。为扩大集资规模，张某先后发展了李某、杨某等五人作为下线，李某、杨某又分别发展了甘某等二人。七名下线共向993人吸收资金3600余万元，占张某全部集资款的70%左右，可谓“功不可没”。

案件查处

2006年10月，公安机关立案侦查此案。2007年9月，检察院向法院提起公诉。2008年2月，一审法院对张某等八人作出判决。张某等七人不服提起上诉，2009年7月，法院作出终审判决。

法院认为：张某以非法占有为目的，使用虚假的证明文件，虚构集资用途，以付给高额市场开发费和利息的方式，向社会公众募集资金，诈骗集资款数额特别巨大，并造成巨额集资款不能返还，其行为构成了集资诈骗罪。姚某等七人违反国家有关规定，未经批准，面向社会变相吸收公众存款，扰乱金融秩序，其行为均构成了非法吸收公众存款罪。根据生效判决，张某被判处有期徒刑十五年，并处罚金50万元；姚某等七人分别被判处有期徒刑，并处罚金。

案件警示

以项目开发为名的非法集资活动，往往因为有“项目”做幌子，更容易吸引社会公众的眼球。社会公众要保持清醒的头脑，一是要具备基本常识，如根据《城市房地产管理法》和《城市房地产开发经营管理条例》等相关规定，进行房地产开发必须获得相关部门颁发的国有土地使用证、建设用地规划许可证、建设工程规划许可证和建筑工程施工许可证，预售房屋还需持有商品房预售许可证。二是要理性分析，实地考察项目开发商及项目进展的真实情况，到工商管理部门了解股权转让变更登记情况，警惕“冒名”、“借名”风险。

高回报陷阱：看上去很美

——新疆世平吉公司集资诈骗案

一伙心怀鬼胎的人，一个并不高明的骗局，却骗倒近百人。当不法分子有组织、有计划地实施诈骗时，受害的，只能是盲目轻信的投资者。

案情简介

“世平吉”出事了！消息陆续传开，一个78岁的老太太并不太相信周围人的传言。“前几天还好好的，怎么会说出事就出事呢?”当她半信半疑地来到自己投钱的“世平吉”门口，亲眼看到该公司被封闭的大门后，当场晕倒在大门口……“世平吉”曾经是很多人美丽的梦想，可能他们一时也说不上他们交过钱的这个公司的全称，但提起“世平吉”，他们就会想起自己投资的煤矿，就会想到自己即将获得的高额利润。也许他们不认识“世平吉”的负责人，却可能曾经在心里感谢过他们。与“世平吉”关系最密切的三个人是马某某、李某、王某。

马某某曾是一个农民，2006年，他和李某通过中介公司虚假出资登记注册了新疆世平吉矿业开发有限公司，变成了一家企业的出资人。随即世平吉公司与王某签订代理融资委托合同，让王某以世平吉公司的名义进行所谓的招商。三人隐瞒世平吉公司并未办理矿业开采手续，也未实施矿业开采的真相，以世平吉公司投资“三道坝六号煤矿”需要资金为借口，在宾馆、写字楼内设立招商集资办公室，开办讲学点、印制散发宣传广告单，面向社会公开集资。为赢得投资者青睐，三人雇佣业务人员在社会上大肆宣扬投资“三道坝六号煤矿”可以获得高额回报，承诺一年期回报率为10%，三年期为14%，五年期为16%，由投资者自行选择一种投资回报方式与世平吉公司签订“项目投资合同”，之后缴付投资款，合同约定投资者不得参与公司经营，投资期满后公司将本利一并返还投资人。

在极具诱惑的宣传下，2006 年 12 月至 2007 年 3 月仅仅四个月时间，近百人成了世平吉公司虚拟项目的投资人，受骗资金共计 335 万元，至案发之日所有款项已无法追回。

作案手段

1. 共同投资开发为幌子。世平吉公司以共同投资开发煤矿为幌子，吸引投资者进行投资，实际并未进行矿业开采。三人为了蒙骗投资者，与投资者签订合同，约定投资者不得参与公司经营，使投资者无从了解公司实际经营情况。很多投资者提出去实地看看，都被该公司的工作人员以天冷路滑等理由拒绝了。

2. 虚假宣传来开路。世平吉公司租下宾馆、写字楼等场地，设立项目招商集资办公室，通过开办讲学点、印制散发宣传广告单等方式，对项目进行虚假宣传。在该公司工作人员的诱骗下，很多群众和公司签订了投资合同。

3. 高额回报成诱饵。世平吉公司利用公众不了解煤矿开采，片面认为煤矿开采效益好、回报率高的心理，向社会公众大肆鼓吹投资高回报，吸引众多投资者上当受骗。

4. 中老年人为对象。世平吉公司看准中老年人比较容易轻信他人的特点，多向中老年人进行“洗脑”式宣传。受骗的群众也大多数是中老年人，其中投资最多的达到 50 万元，最少的也有一两万元，这些投资款大多是他们的养老钱、看病钱、救命钱。

案件查处

2007 年 3 月至 7 月，三人相继被公安机关逮捕。法院审理认为：三人结伙使用诈骗方法非法集资，数额巨大并造成部分被害人巨大经济损失。法院判决马某某犯集资诈骗罪，处无期徒刑，剥夺政治权利终身，并处没收个人全部财产；李某犯集资诈骗罪，处有期徒刑十四年，剥夺政治权利二年，并处罚金 20 万元；王某犯集资诈骗罪，处有期徒刑十二年，剥夺政治权利一年，并处罚金 10 万元；责令退赔集资诈骗所得财物。

案件警示

非法集资通常采用合法形式掩盖非法目的，如本案例中与投资者签订合同，伪装成正常的生产经营活动，以最大限度地骗取群众资金。非法集资的形式虽然多种多样，但万变不离其宗，不法分子往往承诺高额回报，大肆制造“快速致富”、“高回报、零风险”的陷阱。一些群众在急切求富和盲目从众心理的支配下，缺乏理性，不对投资项目进行考察了解，片面追求高额回报，草率甚至盲目地倾其所有，最终遭受经济损失。

以老年人为主要诈骗对象是最近几年非法集资活动的主要特点之一，不法分子看中老年人风险意识不强，容易受到怂恿鼓动的弱点，以高回报为诱饵，以投资、保健、旅游、环保等名义，以贴身关怀、嘘寒问暖等手段引诱老年人参与其所谓的投资活动，然后卷款而逃，让老年人多年的积蓄化为乌有。因此，中老年人在面对这些高额回报的宣传时，特别需要提高警惕，不要轻信，投资之前要和子女或朋友商议，让子女或朋友帮助分析、辨别，要听取他们理智的建议，千万不要盲目从众。

“四招”敛财3.35亿元

——浙江丽水张某某非法吸收公众存款案

“你想他的利，他想你的本”，高额利息只是为获取钱财设计的一个漂亮的诱饵。张某某非法吸收公众存款案被称为丽水非法集资第一案，但在丽水市它并不是孤立的个案，在随后的几年中，丽水资本市场连续爆发多起非法集资案件，集资者锒铛入狱，参与者血本无归。形形色色的非法集资案件，其手法不同、承载的法律后果可能不同、最后处置的途径也不同，但对于集资户来说有一点是相同的：都要承担风险。

案情简介

屠夫出身的张某某，虽然只有初中文化程度，但他在丽水当地算得上是一位能人。他曾担任过位于丽水市区并相对富裕的灯塔村党总支书记，是丽水市水电开发有限公司、江西省永新县丽新龙江水电开发有限公司、江西省景德镇名人岛置业有限公司等三家公司的董事长，市、区两级人大代表。

就是这样一位能人，凭借其身上的光环，在2002年至2006年4月期间，以投资开发水电站、入股房地产等名义，以借款、入股的形式，按月息15‰~20‰不等支付利息或者分红，单独或伙同其妻子金某某及公司经理叶某某，向不特定的社会公众690人、3家单位非法吸收存款3.35亿元，至案发时仅偿还了842万元。

作案手段

1. 利用乡情，向本村村民集资。张某某担任丽水市莲都区灯塔村党总支书记是他身份转变和非法吸收公众存款的起点。2002年至2006年3月期间，张某某以投资江西省永新县永新宾馆有限公司、江西省永新县丽新龙江水电开发有限公司、江西省景德镇名人岛置业有限公司、七星能源投资集团公司等名义，按 18% 的年息向灯塔村的 170 名村民集资或借款，共计 4938 万元。

2. 扩大范围，向个人和单位集资。张某某在灯塔村范围内的集资额远不能满足其资金需求，因而他将目光转向社会公众。2002 年至 2006 年 4 月期间，张某某以投资上述四家公司的名义，用房产、店铺以及其他资产作担保、抵押，按 15‰、19‰、20‰不等的月息，向不特定的社会公众 49 人、单位 3 家吸收存款，共计 1.94 余亿元。

3. 输送利益，向银行员工集资。2004 年 11 月至 2006 年 3 月期间，张某某以江西省永新县丽新龙江水电开发工程建设需要资金为由，以自己担任董事长的江西省永新县丽新龙江水电开发有限公司承担连带保证责任，按 20‰的月息，向浙江丽水市某农村合作银行的 47 名员工及其家属等吸收存款 614.5 万元。

4. 公开设点，向社会公众集资。2005 年 8 月，张某某因资金周转困难，与叶某某商议，在丽水市花园路设立集资点，由张某某聘任叶某某担任丽水市水电开发有限公司经理，以叶某某个人作为借款方，并以张某某为法定代表人的三家公司提供担保，按月息 20‰向社会集资。

截至 2006 年 4 月初，该集资点共向社会公众 424 人吸收存款 8529 万元，其中以叶某某的名义集到的存款有 6963 万元，张某某直接吸收存款 1566 万元。叶某某将所吸收资金中的 5258 万元汇入张某某和金某某的账户，由金某某具体负责核对上述存款数额，并开具收款收据，帮助支付利息，再按张某某的要求将存款汇到指定账户。

案件查处

2006 年 4 月 10 日，叶某某因涉嫌非法吸收公众存款罪，被浙江省公安机关刑事拘留。至此，持续时间长达三年多的张某某非法吸收公众存款案浮出水面。5 月 8 日和 6 月 14 日，张某某夫妻被丽水市公安机关刑事拘留。

2007 年 4 月 3 日，丽水市莲都区人民检察院将张某某及同案犯以非法吸收公众存款罪向莲都区人民法院提起公诉。法院审理后认为，张某某违反国家规定，未经金融管理部门批准，非法吸收公众存款或者变相吸收公众存款，扰乱金融秩序，数额巨大，其行为已构成非法吸收公众存款罪。2007 年 6 月 18 日，张某某犯非法吸收公众存款罪，被判处有期徒刑九年，并处罚金人民币

50万元。同案犯叶某某、金某某也受到相应的惩处。

案件警示

浙闽交界的丽水市由于缺乏工业经济而相对落后。就是这座山清水秀的美丽小城，近几年来因屡发非法集资案件而名声大噪。

丽水地处瓯江水系，蕴藏着丰富的水力资源，直接促生了大规模的“小水电产业”，大大小小的水电站星罗棋布。小水电利润丰厚，但投资金额也不低，单靠一家一户难以支撑其资金需求，因而高息借款成为融资的主要手段。此后，随着房地产业在丽水崭露头角，民间集资这一模式更加狂热地得以复制，从最初的亲戚带朋友，逐渐演变成全民集资浪潮，各种围绕着集资的骗局也伴随出现，演绎了一出出人间悲喜剧。集资者破产关门，身陷囹圄，参与者血本无归，甚至家破人亡。

《中华人民共和国商业银行法》明确规定，“未经国务院银行业监督管理机构批准，任何单位和个人不得从事吸收公众存款等商业银行业务”，并规定“未经国务院银行业监督管理机构批准，擅自设立商业银行，或者非法吸收公众存款、变相吸收公众存款，构成犯罪的，依法追究刑事责任”。张某某等人明知自己没有经营商业银行业务的资格而擅自向社会不特定公众非法吸收公众存款，理应受到法律严惩。同时，国务院1998年颁布的《非法金融机构和非法金融业务活动取缔办法》也明确规定：“因参与非法金融业务活动受到的损失，由参与者自行承担。”参与非法集资并不受国家法律保护。市场经济就是法制经济，所有的市场主体都应遵守法律所规定的游戏规则，谁也不能例外。

一个农妇的疯狂

——浙江斯某某集资诈骗案

一个没有多少文化的农村妇女，用钱买来荣誉和头衔，装扮成“明星企业家”，骗取了1.67亿元巨额资金，走上了犯罪的不归路。只要触犯了法律，无论你头上有多少头衔，有几个荣誉光环，都难逃法律的制裁。

案情简介

斯某某，一个杭州临安山区的农村妇女，早在1993年、1994年间就因为投资失败而形成巨大资金缺口，还承担了高额利息。2003年7月至2005年10月期间，斯某某通过他人垫资注册及使用虚假证明文件等虚假出资的方式，先后注册成立了以其为法定代表人及实际控制人的浙江东山食品有限公司、杭州东山教育培训有限公司和浙江斯茶仙实业有限公司等三家公司，作为非法集资的平台。

2003年到2007年，斯某某打着投资开发150万亩农业生态园区、牡丹江林海水电站、临安华光潭水电站等项目的幌子，通过媒体宣传以及出书、制作个人宣传资料、召集会议等形式，向不特定社会公众大肆作虚假宣传。其间，斯某某隐瞒公司实际经营状况和资金实际用途，以支付18% ~108%不等的高额利息为诱饵，采用加盟、借款等形式欺骗社会公众，大肆非法集资，累计吸收318名人员投资，金额达1.67亿余元，所得款项被斯某某用于支付投资者高额回报、归还个人欠款以及供个人挥霍等。

截至案发，斯某某尚有1.42亿余元资金无法归还，给投资者造成巨大经济损失。

作案手段

1. 设立空壳公司，作为融资平台。2003年，斯某某成立浙江东山食品有限公司，注册资本1000万元。随后两三年中，又相继成立了杭州东山教育培训有限公司和浙江斯茶仙实业有限公司，注册资本分别为558万元和5000万元。事实上，有巨额欠债的斯某某已没实际出资能力，三家公司是通过他人垫资注册，刚刚完成工商登记注册资本即被全部抽走，且从未开展正常经营，只是斯某某非法集资的工具。

2. 买来荣誉光环，博取公众信任。为了营造出她社会关系广、资金实力雄厚的假象，斯某某采用出资、赞助等方法为自己取得了“2006年度全球华人富豪500强第168位”、“华人亿万富翁俱乐部副主席”、“浙江省民营经济研究会名誉会长、理事长”、“浙江大学管理培训中心客座教授”、“求是·竞争力论坛组委会名誉教学主席”、“首届中国新农村建设论坛组委会副秘书长”、“促进区域经济发展先进个人”等头衔和荣誉，同时长期在西湖边的星级宾馆租用豪华套房作为办公场所，让投资者放心地把大量资金交到她的手中。

3. 虚构开发项目，吸引巨额投资。斯某某的三家公司并未进行正常的生产经营，却对外宣称投资开发150万亩农业生态园区、牡丹江林海水电站、临安华光潭水电站等项目，以这些虚拟项目需要周转资金为由，以加盟、借款等形式向300多名社会公众集资1.67亿元。为吸收更多资金，斯某某还帮助参与者代办多家银行的信用卡，并通过虚假消费套取现金。

4. 利用媒体宣传，扩大社会影响。斯某某虽然识字不多，文化程度不高，但是她深谙媒体炒作的技巧。从平面媒体到网络媒体，从视频广告到宣传手册，她铺天盖地地对公司和项目进行广泛宣传，还借助某些知名媒体在群众中的公信力，不断扩大受众的范围和层面。

案件查处

2007年6月，杭州市公安机关根据线索对斯某某集资诈骗案立案侦查，并于2007年7月将其抓获。

法院审理认为，斯某某隐瞒公司无正常经营的真相，通过各种途径向社会虚构其经济实力、投资项目，欺骗社会公众，并以支付高额利息为诱饵，用加盟、借款等形式骗取被害人的投资款和借款，且所得款项并未用于实际经营，除用于支付高额利息外，大部分款项被用于还债、挥霍或任意处置，其非法占有目的明显。2009年4月，斯某某犯集资诈骗罪、抽逃出资罪两罪并罚，合并判处死刑，剥夺政治权利终身，并没收其个人全部财产。2009年8月5日，浙江省杭州市中级人民法院遵照最高人民法院下达的执行死刑命令，对集资诈骗犯斯某某执行死刑。包括斯某某女儿在内的5名公司员工，对斯某某集资诈骗行为给予协助，也因非法吸收公众存款罪分别被判处有期徒刑五年到三年不等的刑罚。

案件警示

非法金融活动都需要伪装，不少从事非法金融活动的公司和个人，在被揭穿之前都是所谓的“明星”，这也使得非法金融活动具有很强的隐蔽性和蛊惑性。一些参与者在高额回报的诱惑下，不但倾尽全部积蓄，甚至通过伪造贷款用途，将仅有的一套住房用于抵押骗取银行贷款投入非法集资活动，一旦非法集资组织者的资金链断裂，不仅本金和高收益鸡飞蛋打，更有可能因银行贷款不能偿还而无处安身。

非法集资不受法律保护，参与非法集资活动的风险和损失将由自己承担。

因此，社会公众要提高风险防范意识，正确地判断自己的抗风险能力，清醒地看待融资者的各种荣誉光环，冷静地对待天花乱坠的宣传广告，牢记“天上不会掉馅饼”的古训，丢掉一夜暴富的幻想。

伸向熟人的黑手

——新疆某科技公司非法吸收公众存款案

随着经济的发展，人们的投资理念发生了较大的变化，一些投资人受到小投入高回报的诱惑，参与了非法集资活动。因此，“头脑灵活”的刘某某铤而走险，向熟人伸出了黑手……

案情简介

刘某某，大专文化，2005 年底他在互联网上发现陕西省某公司推介“年产 15000 吨复合无铅汽油”项目，认为这是一个赚钱的好机会，但苦于没钱投资。2006 年 4 月，他找到陕西籍无业人员田某某等人，注册成立了某科技公司，刘某某自任法人代表，并与田某某签订《个人委托贷款中介协议》。该协议约定：公司委托田某某为“年产 15000 吨复合无铅汽油”项目通过银行采用“个人委托贷款”形式定向寻找投资人。协议签订后，田某某等人实际上并未通过合法渠道融资，而是向社会公众非法集资。规定最低投资额起点为 1 万元，投资期限分一年期、两年期和三年期三种，投资一年期年回报率为 8%，两年期年回报率为 10%，三年期年回报率为 12%，并以该公司的名义与投资人签订《项目借资合同》。经查，该公司共与 323 人签订《项目借资合同》429 份，非法吸收公众存款 1305 万元。由于该公司没有正当的经营业务，公司的运转靠后面投资者的投资支付前面投资者的到期本息及介绍人的提成返点，维持到 2007 年 2 月，公司开始入不敷出，资金链断裂。刘某某、田某某等人随后潜逃。非法吸纳的约 900 万元资金除用于公司经营，支付投资人短期回报外，其余资金被刘某某、田某某等人挥霍一空，使投资人遭受巨额损失。

作案手段

1. 以经营高利项目资金短缺为借口。该公司以从事高额利润项目为幌子，编造各种借口，以骗取公众的信任。

2. 以高息为诱饵，进行虚假宣传。本案三百多名受害人，年龄层级复杂，遍布全国 8 个省、直辖市以及新疆 14 个地州市，分布范围广泛。刘某某等人就是利用投资者贪利和盲目从众的心理，虚构投资项目，许诺月息 8% ~12% 的高额回报，编造各种光环和名誉，骗取群众的信任。

3. 利用熟人牵线搭桥，骗取信任。本案中受骗人有许多是刘某某的熟人，刘某某正是利用这种熟人关系，介绍、宣传虚构的投资项目，骗取他人的信任，致使多人上当受骗。

案件查处

2007 年 2 月 2 日，乌鲁木齐市公安机关对此案进行立案侦查，并查封、冻结该公司的厂房等固定资产，查封、冻结该公司 180 万元现金，随即对 6 名犯罪嫌疑人涉案资产进行追缴。

2010 年 10 月 25 日，乌鲁木齐市新市区人民法院以非法吸收公众存款罪，依法判处刘某某有期徒刑四年并处罚金 5 万元，田某某等三人有期徒刑九年并处罚金 50 万元。

案件警示

本案中，刘某某等人采取“放长线钓大鱼”的作案手法，以支付 8% ~12% 的高息、红利或定期分配实物等为诱饵，使 323 人参与到非法集资活动中。在犯罪开始初期，刘某某等按允诺的条件，以高于银行利息的回报让集资参与人获得暂时的实惠，进而利用获利集资人作“活广告”四处宣扬，不断扩大集资规模，以达到“钱生钱、利滚利”的目的。但俗话说，“羊毛出在羊身上”，犯罪分子支付给广大集资者的所谓高额回报，往往都是集资者自己和后续集资者集资的钱，而非嫌疑人的获利返还。

弥天大谎的背后

——王某某集资诈骗案

王某某迷上了网络赌球，在将自己多年的积蓄输光后还欠下巨额赌债。为弥补资金缺口，王某某又虚构投资原始股、投资工程等名目，承诺高额回报，先后从60多人手中骗取了2.8亿元集资款，并将大部分集资款挥霍一空。法院一纸刑事判决，宣告了他今后与铁窗相伴的命运。

案情简介

王某某是浙江温州人，早年凭借温州人与生俱来的经商头脑和勤奋，很快在温州服装市场上崭露头角。为了更好地发展，1997年王某某来到北京创业。三年多时间，王某某的事业没有大的起色，却沉迷于网络赌球。俗话说，十赌九输。由于赌运不济，王某某除输光多年的积蓄外，还欠下巨额赌债。为了归还赌债并获得新的赌资，王某某开始了罪恶的“投资计划”。

2003年，王某某找到同是温州人的滕某某，声称自己已经拿下几个投资项目，回报可观，但是没有投资主体，准备成立一家投资公司。一番花言巧语，取得了滕某某的信任，两人各出资600万元注册成立了一家投资公司，并由王某某任法定代表人，负责公司日常经营管理。公司成立后的2003年至2006年间，王某某通过私刻公章、伪造工程规划许可证、合作协议等文书，编织了工程改造项目、投资原始股、收购宁夏石嘴山煤矿等谎言，并以15%~100%的高额回报率为诱饵，先后骗取60余名温州同乡的投资款2.8亿元。得手后，王某某除部分用于公司正常项目、支付投资人高额回报以外，其余约1.8亿元用于赌球，并赌输殆尽。

作案手段

1. 利用乡情亲情，骗取信任。温州民间资金丰裕，投资意愿强烈，并对同乡人特别信任，有抱团投资的习惯。王某某正是利用这种特殊的乡谊和投资习惯，在同乡间发布虚假信息，伪造虚假文件，虚构投资项目，取得众多同乡的信任，致使60多人上当受骗。

2. 承诺高额回报，引诱投资。民间资金有很强的逐利性。王某某利用这种快速致富的心理，以给予15%以上甚至100%的高额回报为诱饵，以部分集资本金支付高额回报，在短短的三年时间中，骗取资金2.8亿元。

3. 合作设立公司，提高信用。王某某虽然在北京从商多年，但并没有取得很大成功，在温州同乡中没有多少声望。要想骗取更多的信任，必须要有一定影响力的同乡作为合作伙伴。为此，王某某找到与其有亲戚关系并在温州同乡中比较有名望的滕某某，骗取滕某某的信任，共同成立投资公司，并购置房产、汽车等，给外界造成公司有实力的印象，提高王某某自身在温州同乡中的可信度。

4. 通过个人账户走款，规避财务监督。投资公司成立后，公司治理极不健全，内部控制形同虚设。大部分被骗的资金均是汇入王某某或其公司员工的银行卡、个人账户，并由王某某向投资人出具委托投资协议书、收条、借条、证明等，以此规避财务监督。因此，公司财务人员及另一股东滕某某均不掌握王某某集资诈骗行为。

5. 以小额真实投资掩盖虚假项目。王某某投资的项目只有小部分是真实投资。王某某动用3000多万元，购买了北京某项目15%的股权是真实的，但其他投资项目大部分是虚构。如某医学科学院医学信息研究所改造项目，所谓的改造工程规划许可证、合作协议书、意向书等均系伪造。每次给温州同乡提供资料，王某某总是把上述15%的真实股权投资项目作为样本资料，投资人考察也完全真实。从资金数量分析，真实的投资仅占10%。王某某就是利用这10%的真实投资，骗取了其他90%的资金。

案件查处

2006年2月，滕某某接到下属报告，称王某某持有所投资项目公司的公章，联想到王某某以往的所作所为，滕某某心生疑虑。同年7月，滕某某对此投资项目进行了核查，发现此项目子虚乌有，情急之下，他立刻找到王某某询问究竟，王某某被迫承认项目是假的，并说大部分集资款已挥霍殆尽。滕某某顿感五雷轰顶，万箭穿心。为防止王某某再以公司名义骗人，滕某某与王某某达成协议，由王某某无偿把投资公司股份转让给滕某某。

根据被害人举报，2006 年 8 月，公安机关将王某某捉拿归案。同年 9 月，他因涉嫌集资诈骗罪被逮捕。至此，一起非法集资大案浮出水面。

经过两年多的侦查、审理，2008 年 11 月，王某某因犯集资诈骗罪被北京市第二中级人民法院判处无期徒刑，开始其漫长的铁窗生涯。同时，投资公司也因犯集资诈骗罪，被处罚金 200 万元。

案件警示

近年来，各种名目的非法集资案呈现高发势头，作案金额越来越大，严重影响了社会主义市场经济秩序和社会稳定。

在本案中，王某某早年在北京从事服装生意，小有积蓄，但在其接触到网络赌球后，迅速沉湎其中，不仅花光全部积蓄，还负债累累。为了继续赌球，他将罪恶之手伸向了老乡、朋友，走上了集资诈骗的犯罪道路，最终被司法机关判处无期徒刑。

本案中的被害人全部是温州人，也是王某某的同乡、亲戚、朋友。作为一个特殊群体，温州人有抱团投资的传统，逐利性较强。正是这种逐利性，被王某某的高额回报所利用。他们没有进行详细的考察和论证，就将巨额资金交由王某某个人，有的甚至没有要求任何凭证，事后也没有任何的跟踪调查。这种草率、盲从，导致最终被骗，大部分资金血本无归。

在市场经济体制下，既要“卖者有责”，也要“买者自负”。投资者应当谨慎、小心，既要考察投资的真实性、风险性，也要考察投资公司的治理完善性和经营者的个人品行。

第四章
涉及银行保险类非法集资

非法金融业务活动是指未经有关金融监管机构批准，擅自从事金融活动，包括非法从事银行类业务、非法从事保险类业务和非法从事证券类业务活动等。近几年来，随着我国银行、保险业的快速发展，涉及金融领域的非法集资诈骗行为也时有发生，这些行为不仅严重侵害了消费者的合法权益，而且严重破坏了经济金融秩序。《中华人民共和国商业银行法》第八十一条规定：未经国务院银行业监督管理机构批准，擅自设立商业银行，或者非法吸收公众存款、变相吸收公众存款，构成犯罪的，依法追究刑事责任。中国保监会印发的《保险业内涉嫌非法集资活动预警和查处工作暂行办法》要求保险机构和保险中介机构应当依法经营，特别是要加强分支机构的业务管理和指导，不得利用开展保险业务从事非法集资活动。

本章选取的六个案例就是近年来涉及银行、保险等金融领域的非法集资典型案例，社会公众要从中吸取教训，擦亮双眼，谨防上当受骗。

女赌徒的不归路

——广东佛山何某某非法吸储案

一位邮政局的大客户经理，一位疯狂的女赌徒，为了偿还赌债和敛财，她把手伸向公款……那一刻，她人生的结局已经注定。

案情简介

何某某原是佛山市禅城区邮政局大客户部的经理，1999 年至 2003 年间，她多次到澳门赌博，并为此欠下巨额赌债。为尽快偿还赌债，从 2003 年 9 月起，何某某组织、指挥原佛山市禅城区邮政局澜石支局局长陈某某以及霍某某、陈某某、梁某某、黎某某等人以澜石支局和龙角支局邮政储蓄的名义，以高息为诱饵非法吸收近200名储户的存款13亿余元，何某某及陈某某将其中的1.59亿元占为己有，用于偿还赌债和投资，并造成100多名储户5.4亿余元的损失。

在此期间，何某某还因存款兑付等问题与知情人、储户产生矛盾，并多次雇凶伤人，致一人重伤、二人轻伤，部分财物被损。

作案手段

1. 高息揽存，愿者上钩。何某某在澳门赌博过程中，经人介绍认识了澳门人林某某等，林某某等人获悉其身份后，一方面怂恿她豪赌，另一方面游说她高息吸收存款，将资金投入高回报的项目如购地皮、码头等盈利。

面对赌债压力和巨额回报的诱惑，何某某勾结陈某某，一方面利用其社会关系，以完成邮政储蓄吸存任务为由，以月息4‰～10‰不等的高额利息为诱饵，游说储户通过她们到澜石支局存款。另外，为了发展更多的储户，何某某、陈某某二人在社会上散布信息，许诺2‰～3‰的利差作为回报，让他人为其介绍储户。

2004年，因欠下巨额赌债，在澳门的投资又有去无回，何某某面临的资金压力越来越大，不得不更加疯狂地向社会吸收资金，许诺的存款利息也不断提高，个别储户月息甚至高达4%。新吸收的资金用于支付其他到期本息，维持资金运转，避免资金链断裂。

高额的利息回报吸引了当地数百名储户参与，其中包括当地部分村集体，累计涉案金额近18亿元。获取的资金除部分用于偿还赌债、在澳门的投资无法收回外，大量资金被何某某等人消耗殆尽。

2. 公款私存，瞒天过海。为掩人耳目将储户资金占为己有，2003年初，何某某和陈某某密谋商定，将高息吸存资金以澜石支局的名义存入该局在农业银行某支行的对公账户上（因账户尾号为113，以下称为113账户），然后利用邮政储蓄监管漏洞，由陈某某违规使用“无折取款”、“挂失密码”的方法，冒充储户提款，将资金从113账户转到自己控制的账户，用于投资获利。

为掩盖其恶意侵占存款的行为，何某某和陈某某吸存的资金均按照邮政储蓄正常的存款程序办理，即先由储户在澜石支局开户，存款按照正常的储蓄程序在邮政储蓄的前台完成。在资金进入113账户后，陈某某在何某某的指使下，利用任职澜石支局值班长、支局局长的便利，对掌握储户密码的存折和存单，违规采用“无折取款”的方法，用白纸代替存折放到打印系统，将取款数据打印到白纸上，完成取款手续，冒充储户将资金从113账户中转移出去。对不掌握储户密码的存折和存单，在储户不知情的情况下，由陈某某和其他邮政工作人员自己制作申请表，私自挂失储户存折和新设密码，自己办理并审核，设立新密码。待新设密码生效后，利用新设密码将资金转移出去。

在此状态下，邮政系统显示的是正常取款业务，此时储户存折上的金额和邮政系统内的记录不统一，但储户暂时不知道，而邮政局认为正常。应付的方法是对储户拖延时间，即不让储户正常查询和正常存取款，找机会将储户的真实存折换成虚假存折，或者用吸存其他储户的资金归还已挪走储户的资金，使储户金额与邮政系统记录统一，从而控制了该储户的全部资金。

3. 中间账户，偷梁换柱。2004年6月后，因邮政储蓄系统升级，邮政局加强了对储蓄业务的管理，对公账户的资金不能转入个人账户，对公账户取款要按照权限逐级审批，这样对何某某、陈某某继续利用113账户吸收存款，并按以前的方法转移资金造成障碍。于是，何某某、陈某某多次商量，决定采用在各大商业银行开设佛山市高明佳达不锈钢制品有限公司和林积福等多个单位和个人账户作为中间账户进行操作，用于存储、转移非法吸存的资金。

为了继续获取储户的信任，何某某、陈某某收买澜石、龙角邮政支局的部分员工，采用白纸覆盖在存折上面打印的方法套取空白存折和存单，要求储户存款时要事先告知何某某存款日期、金额等信息，然后用套取的空白存折、存单制作好存款记录交给前台职员。当储户来前台办理存款手续时，前台职员假装成按正常的程序办理，让储户填单、输入密码（事实上这些内容都没进入邮政储蓄系统），趁储户不注意将已打印好的存折加盖印章，然后将存折交给储户，完成虚假的存款手续。储户取款时也必须要预约，何某某获取储户的取款日期、金额等信息后，收回储户的存折，制作取款记录，然后交给澜石、龙角邮政支局前台职员，由前台职员假装按正常取款手续打印存折，交给储户，同时将资金转入储户指定的账户。当储户到邮政储蓄前台查询存款时，邮储工作人员按照何某某、陈某某的指使，统一口径，称这些高息的大额存款已经被后台锁定，前台无法查询，以此方法应付储户。

一般情况下，储户们取款都不很顺利，何某某则以上级检查、银监会检查、完不成任务为由推脱，说服储户不要取钱。实在推不掉的就付款，对有些储户不相信她的还款承诺，就打印一些承诺书，写明储户于何时在邮政储蓄存了多少钱，何时还款，并盖上邮政局公章，以避免犯罪行为被揭露。

4. 利益诱惑，团伙作案。在近三年作案过程中，何某某除与陈某某勾结外，还以每月2000元左右的奖金，拉拢澜石、龙角邮政支局的部分员工套取空白邮政储蓄存折，配合办理存取手续，统一口径应付储户质询。以给好处费、发工资等方式吸引无业人员霍某某、陈某某假冒邮政局人员联系储户、商谈利息，收取储户的支票、存折、存单，协助储户办理存取款手续以及在储户提出质疑时向储户出具加盖邮政局公章的承诺书、证明等。

何某某以支付套现资金0.6%的好处费为诱饵，勾结时任工商银行某支行主任梁某某为其非法吸存的资金转账、套现，梁某某指使黎某某在禅城区某农村信用社开设了多个单位和个人账户，编造单位发放工资、借款给个人等理由，伪造借款合同，逃避银行对现金业务的监管，将资金从单位账户转入个人账户，从中收取好处费。

案件查处

2006年8月，何某某因涉嫌故意伤害罪被当地公安机关刑事拘留，坊间“在何某某处存的钱要不回来”的传言在当地传播扩散，并引发群体事件，当地纪委、公安司法机关高度关注，成立专案组查处案件。9月，何某某因涉嫌非法吸收公众存款罪被检察机关批捕。其他相关人员相继被抓捕归案。

2009年4月24日佛山中级人民法院一审判处何某某犯贪污罪，判处死刑，剥夺政治权利终身，并处没收个人全部财产；犯非法吸收公众存款罪，判处有期徒刑十年，并处罚金人民币50万元；犯故意伤害罪，判处有期徒刑八年；犯故意毁坏财物罪，判处有期徒刑二年；决定执行死刑，剥夺政治权利终身，并处没收个人全部财产。陈某某犯贪污罪、非法吸收公众存款罪，决定执行无期徒刑，剥夺政治权利终身，并处没收个人全部财产。何某某不服，向广东省高级人民法院提出上诉。2010年10月26日，广东省高级人民法院终审维持原判。其他相关人员亦受到法律的严惩。

案件警示

何某某在佛山邮政系统服务长达20余年，从基层话务员、储蓄员成长为支局局长、市局大客户经理，因为业务出色和好强性格，多次受到各级邮政系统嘉奖，并一度被视为提拔的骨干。但在2001年迷上赌博后，因欠下巨额赌债，为偿还赌债和敛财，她利用邮政系统制度不健全、监管不到位的漏洞，用小恩小惠拉拢内部工作人员，疯狂作案，频频得手，大肆挥霍国家资财，破坏经济法则，扰乱金融秩序，制造了一起令人咂舌的惊天大案，最终也把自己送上不归路。

赌博是社会的毒瘤，更是一种丑恶现象。人民群众特别是党员干部赌博，坏党风、失民心、生贪欲、毁前程，危害极大。近几年来因赌博诱发贪污、受贿、挪用公款而落马的政府官员屡见报端，参赌者不断葬送自己的光明前程，还严重影响党和政府的形象。因此，广大群众特别是党员干部一定要从中吸取教训，洁身自好，远离赌博。

“资金管理保障计划”无保障

——三亚商业信托广州分公司非法吸收公众存款案

刘某某自己也许没想到，利用不法手段敛财不但使自己成为公安部的A级通缉犯，最终深陷囹圄，还导致受害人十二年如一日群体上访，给社会稳定带来严重不良影响。

案情简介

海南省三亚市商业信托总公司广州分公司从1992年10月开始，以签订“资产委托契约凭证”的名义，采取较封闭的会员传销形式，向社会公众进行集资。集资额从1万元起，每月兑现利息，年回报率12%～18%。第一次存款必须有会员介绍，成为会员后，客户可以自己发展下线，每介绍他人参与集资1万元，可提取60元的手续费，以后每个月还可领取8～20元佣金，每月“业绩”最好的前三位还有奖励。

1992年12月至1998年3月，该公司共集资人民币1.86亿元、3447万港元，集资人数2300余人，参与者大部分是离退休干部和下岗人员。筹集的资金大部分存入负责人刘某某个人活期储蓄账户，由其支配使用，其中部分款项用于投资酒店、期货公司、餐馆等，大多因投资失败无法收回。

1998年3月25日，该公司因群众举报被工商部门查封，主要责任人刘某某携款潜逃。由于集资款无法得到清退，从案发起至2010年9月，集资参与者频频到政府和相关部门上访，并多次发生冲击政府机关、三亚市驻穗办、驻穗企业的群体性事件。

作案手段

1. 利用政府，作案讲策略。1992年，刘某某通过关系，找到三亚市驻穗办主任陈某某，请三亚市驻穗办作为主管部门协助成立三亚商业信托总公司，资金由刘某某负责筹集。公司成立后，刘某某又经三亚市驻穗办同意，在广州设立了三亚商业信托总公司广州分公司，并把自己与地方政府有关领导的合影挂在营业场所，为非法集资活动披上政府背景的外衣，给人以正规金融机构的假象。

2. 传销手法，敛财有技巧。参与该公司资金投资要先由公司业务员介绍客户入会，客户成为会员后，可以发展下线即介绍新客户入会，并按发展下线的层次收取佣金，这种做法在吸引众多群众参与的同时，还极具隐蔽性。这种手法承诺的回报率高，且一直能按照承诺还本付息，加上开户奖、客户佣金、最高业绩奖等奖励，综合年回报率最高已超过20%，因而备受参与者追捧，吸引越来越多的人参与。

3. 携款潜逃，骗你没商量。刘某某通过非法集资获取的资金，大部分被存入其个人活期储蓄账户任意支配、肆意挥霍，恶意逃避监控。该公司被工商部门查封后，刘某某立即携款通过深圳逃往香港，其后又潜逃至泰国，在泰国以打工为生，给参与者造成数千万元的损失。

案件查处

1997年9月，原中国人民银行广州市分行根据群众举报和调查，认定海南省三亚商业信托总公司广州分公司涉嫌从事变相吸收公众存款的非法金融业务活动，并向公安部门报案。广州市公安局接报后对该公司负责人刘某某进行侦查布控，刘某某携款潜逃后，广州市公安局立即采取行动，扣押、封存该公司的现金和资产，对刘某某实施追捕，并组织会计师事务所对该公司进行审计，清查集资款的流向。其后，三亚政府成立工作组在广州组织开展了债权债务登记工作。经统计，三亚商业信托总公司广州分公司案发时尚未归还的集资款本金人民币6741万元、625万港元，折合未清退集资款余额人民币约7400万元，涉及参与者1300余人。

2003年11月25日，广东警方成立的专案组在国际刑警的协助下，经过五年多的全力追捕，终于在泰国曼谷将刘某某引渡归案。

法院审理认为：刘某某未经中国人民银行批准，以高回报为诱饵，代表单位与存款人签订“资产委托契约凭证”，向不特定的群体非法吸收公众存款，违反国家金融管理法规，严重扰乱国家金融管理秩序。刘某某实施非法吸收公众存款的行为发生在1992年12月至1998年3月25日间，其行为从1995年7月1日起触犯了全国人民代表大会常务委员会《关于惩治破坏金融秩序犯罪的决定》第七条的规定，已构成非法吸收公众存款罪。2005年8月，刘某某被广州市越秀区人民法院以非法吸收公众存款罪判处有期徒刑十年，并处罚金50万元。

2010年9月，在广东省相关部门的协助下，三亚市政府组织了三亚集资案债权清退工作，案件在案发十三年后得到妥善处理。

案件警示

我国的信托公司在过去二十余年经历了多次清理整顿，其业务范围、相关的监管法规制度也在不断发展变化。但总体上看，一是信托公司属于银行业金融机构，其设立应得到银行业监督管理部门的批准。未经监管部门批准，任何单位和个人不得擅自设立银行业金融机构，任何经营单位不得在其名称中使用银行业金融机构的专有名称。二是信托公司不能吸收公众存款，信托公司的功能定位是“受人之托，代人理财”，即便是依法设立的信托公司，也不具备向社会公众吸收存款的资格。三是信托公司设立集合资金信托必须有明确的投资方向和投资策略，且符合国家产业政策，信托公司不得以任何名义直接或间接以信托财产为自已或他人牟利。四是信托产品的发行必须是私募性的，对投资者的准入有较高门槛，不是任何人都可以投资信托产品，目前投资一个信托计划最低金额不少于100万元人民币。

本案中，刘某某未经金融监管部门批准，擅自在设立的企业中冠以“信托”字样，给人以金融机构的假象，同时在办公场所设立营业柜台，仿照银行营业网点模式开展业务，让不明真相的群众真假难辨，最终给这些群众造成巨大的经济损失。因此，投资者在参与投资活动时，要充分认识、了解相关机构的性质和功能，特别是发现组织者在投资活动中不是光明正大而是遮遮掩掩、偷偷摸摸或者使用一些非常规的手法（如传销方式、一对一服务等）时，一定要多长个心眼，谨防受到不法分子的蒙骗。

假保险真骗人

——中国人寿保险广州分公司张某某集资诈骗案

中国人寿保险代理人张某某借公司之名推销虚假保险品种，骗取多名客户“投保”，高息吸纳民众资金用于个人消费，维系数年后，终因资金来源枯竭停止了返还，给投资者造成巨大资金损失。

案情简介

1964年出生，只有高中文化程度的张某某，1997年7月至2007年7月间，利用中国人寿保险股份有限公司广州市分公司保险代理人的身份，以到期返回本金并支付高额回报为诱饵，虚构险种，私刻公司印章制作假保险单证，欺骗被害人，收取“保险费”共计人民币2115万元，骗取款项除用于支付被害人到期的高额利息外，其余部分被用于个人挥霍。至案发时止，尚有集资款人民币488万元无法归还。

作案手段

1. 利用保险代理人身份获取信任。张某某是中国人寿保险广州分公司保险代理人。1997年，她对身边的熟人宣称，中国人寿推出了鸿寿保险项目，月息3%，年息36%。正因为张某某是保险公司的代理人，很多人就把钱借给了她。至2007年6月案发时，共从22名客户处非法集资达2000多万元。

2. 以高额回报为诱饵。为吸引投资，张某某按月支付投资人3%的利息。由于承诺的利息高，来找她投资的人越来越多，需要返还的利息也越滚越多，这样滚雪球般经营几年之后，她越来越吃力，到2007年6月已无力归还本息。

3. 制作假保险单证。为了使投资人相信购买的是中国人寿的鸿寿保险项目，张某某用伪造的中国人寿保险公司的印章和投资人签订了保险合约，并写下了收据。其实，她根本就没有将这些钱交给中国人寿保险公司，而是部分用于支付先前投资人的利息，部分用于自己开公司。

案件查处

张某某因涉嫌合同诈骗罪于2007年8月11日被羁押，次日被刑事拘留，同年9月14日被逮捕。2008年6月2日，广东省广州市人民检察院以集资诈骗罪向广州市中级人民法院提起公诉。

公诉机关指控，1997年7月至2007年7月，张某某以非法占有为目的，利用中国人寿保险股份有限公司广州市分公司保险代理人的身份，虚构该公司鸿寿养老保险等险种，以每月返利3%的高额回报为诱饵，收取彭某某、关某某等22人缴交的保险费共计2114万元。张某某将所骗取款项用于支付高额返利和个人使用，造成彭某某、池某某等16人损失共582万元。

公诉机关认为，张某某以非法占有为目的，利用保险代理人的身份，虚构险种，以高额回报为诱饵，向他人募集资金，数额特别巨大，其行为触犯《中华人民共和国刑法》第一百九十二条的规定，构成集资诈骗罪。

2008年12月15日，广州市中级人民法院以集资诈骗罪判处张某某有期徒刑十二年，并处罚金10万元。宣判后，张某某不服，提出上诉。广东省高级人民法院经审理，依法驳回张某某的上诉，维持原判。

案件警示

1. 要加强对保险代理人的管理。近些年来，我国保险公司代理人队伍不断壮大，保险代理人的辛勤劳动对于保险公司业务发展起到了积极作用。但在辉煌背后，保险代理人误导或欺诈消费者的行为屡屡发生，甚至出现像本案一样的诈骗案件。这些行为，在损坏代理人形象的同时，也给保险业带来了潜在的信用危机。因此，重视对保险代理人的管理，已成为摆在保险公司面前的重要任务。首先，要把住保险代理人准入关。其次，要不断完善内部控制，有效杜绝保险代理人不规范行为的发生。

2. 掌握必要的保险知识很有必要。投保人办理保险之所以愿找代理人而非直接找保险公司，是因多数投保人都与代理人有各种各样的关系，或因代理人是其购买保险时接触的第一人，彼此较熟悉，个别保险代理人正是利用了这一点，对投保人误导、欺诈甚至诈骗。因此，投保人在办理保险前，要多学习保险知识，仔细阅读保险条款，不轻信代理人口头宣传，提高自我防范意识。

“保险”不保险

——湖南怀化张某某、舒某某集资诈骗案

既购买了保险，又能获得比银行利率更高的利息，还能随要随取，这样的好事真的有吗？这样的“保险”，到底保不保险？

案情简介

2003 年 4 月，中国人寿保险股份有限公司麻阳苗族自治县支公司江口营销服务部成立，舒某某担任负责人。2004 年初，因江口营销服务部出现亏损，为完成支公司下达的保险任务，获取佣金和奖金，舒某某即与张某某共谋，向老百姓吸收资金，制作假保险单上交支公司，以期“名利双收”。2004 年 1 月

至2008年8月，二人以收取保险费为名，以回报高额利息且投保人可以随时取回保险费为诱饵，向麻阳县四个乡镇村民集资，共骗取资金470余万元，涉及500多人。所骗资金中通过制作假保险单上缴麻阳县支公司140余万元，其余被二人用于个人开销。

2007年7月至2008年6月，二人为弥补资金不足，争取更多的资金来源，冒用马某某、陈某某等人的名义，与中国人寿保险股份有限公司麻阳苗族自治县支公司签订借款协议，骗取该公司资金20余万元。

作案手段

1. 以真实险种为幌子。二人利用担任保险公司营销员的身份，以经营“国寿鸿丰”、“国寿鸿鑫”等险种的保险为幌子，进行集资诈骗活动。“国寿鸿丰”、“国寿鸿鑫”是当时中国人寿保险公司经营的真实险种，且二人向集资人提供中国人寿保险公司的临时收款收据。

2. 以高额利息和随要随取为诱饵。二人向外宣传年利息达3%～10%，远高于银行利息，且钱款可以随要随取。集资人初期均能及时足额收到利息，不少人因此又追加了集资款。

3. 以偷梁换柱为手法。一是采用中国人寿保险公司临时收款收据时，在客户联填写实际金额，而存根联、财务联则随意填写收款信息。二是在保险公司实行零现金缴保险费制度，取消临时收款收据收取保险费的做法后，通过自购收款收据，再加盖已作废的保险公司印章。三是直接打白条，并加盖已作废的保险公司印章。

4. 以支付手续费为推手。为骗取更多资金，二人按收款额的4%给江口营销服务部业务员支付手续费。营销服务部业务员只要按照二人的要求对外进行宣传，联系客户，并在开具收款收据时造假，均能及时获得手续费。

5. 以上缴部分保险费为掩护。二人通过在临时收款收据存根联、财务联上填写小金额，以及伪造保险单等方式，将诈骗的部分资金上缴中国人寿保险公司麻阳县支公司，在完成支公司对江口营销服务部保险任务要求的同时，掩盖了其集资诈骗的行为，致使四年后才被麻阳县支公司发现其违法情况。

案件查处

2008年8月，中国人寿保险股份有限公司麻阳苗族自治县支公司负责人在工作检查中发现，其下属的江口营销服务部保险营销员张某某、舒某某在办理代收保险业务时涉嫌非法集资，遂向县公安局报案。县公安局即传唤张某某、舒某某二人进行审讯，二人如实供述了犯罪事实。同年9月，对二人执行逮捕。2009年6月，检察机关向人民法院提起公诉。

法院审理认为，张某某、舒某某以非法占有为目的，以收取保险费为名，虚构投保人可以随时取回保险费，并可取得高额利息的事实，同时以此为诱饵，非法向社会公众募集资金，数额特别巨大，其行为侵犯国家金融管理制度和他人的财产所有权，构成集资诈骗罪。张某某、舒某某二人另以非法占有为目的，冒用他人名义和使用虚假保单签订借款协议，骗取中国人寿保险股份有限公司麻阳苗族自治县支公司资金，数额巨大，其行为又侵犯市场交易秩序和公司财务的所有权，构成合同诈骗罪。2009年8月，法院依法作出判决，张某某犯集资诈骗罪，判处有期徒刑十二年，并处罚金6万元；犯合同诈骗罪，判处有期徒刑五年，并处罚金1万元；二罪并罚执行有期徒刑十五年，并处罚金7万元。舒某某犯集资诈骗罪，判处有期徒刑十年，并处罚金6万元；犯合同诈骗罪，判处有期徒刑四年，并处罚金1万元；二罪并罚执行有期徒刑十二年，并处罚金7万元。

案件警示

张某某、舒某某二人有保险公司员工的身份，“经营”的是真实的保险险种，开具的收据有保险公司的“印章”，因此具有极大的欺骗性。社会公众要高度警惕此类非法集资，提高风险防范意识。一是要抵制高额回报的诱惑。保险的主要目的是防止意外和帮助储蓄，因此不可能会有很高的利息回报，对于宣传高额回报的保险品种，参与人应该加强考察，确保真实可靠，否则“保险”就变成了不保险。二是要具备基本的风险防范常识。如对于购买保险，应要求签订正规的保险合同；对于临时收款收据，应要求及时更换正式发票或收据；对于“白条”或非保险公司收据，应坚决拒绝接受。

变质的内部集资

——河南安阳县建苑物资贸易中心非法吸收公众存款案

一家企业由内部集资逐渐演变为吸收社会公众资金，不知不觉触犯了刑律，实在是得不偿失。只可惜懊悔晚矣！

案情简介

1995 年 5 月 5 日，安阳县某银行工会申请注册成立安阳县建苑物资贸易中心，安阳县某银行党组任命田某某为该物资贸易中心总经理。为了给银行职工办福利，经行领导同意，从 1996 年开始，建苑物资贸易中心以月息 2%、半年结算的方式，向安阳县银行内部职工集资，用于公司经营。由于利息较高，社会上一部分人知道此事后，也想分一杯羹，千方百计托关系、找门路，通过银行职工介绍参与集资。建苑物资贸易中心一方面碍于情面不好拒绝职工的介绍，另一方面也想拓宽集资渠道，增加集资金额，因此，逐渐偏离了内部集资的初衷，集资对象开始向社会扩散。

1996 年至 1998 年三年间，建苑物资贸易中心共吸收银行内部职工和社会人员集资 144 户，累计金额 634 万元。其中，内部职工 114 户，累计金额为 521 万元，外部人员 30 户，累计金额为 113 万元。1998 年 3 月以后，物资贸易中心再未支付利息，也未退还本金，未退还的集资款余额为 158 万元。其中，内部职工余额为 119 万元，外部人员余额为 39 万元。

作案手段

1. 口口相传，集资对象由内向外蔓延。安阳县某银行通过物资贸易中心开始向银行内部职工集资，后一些银行职工将集资信息告诉了亲戚、朋友，大家受高于银行同期存款利率的吸引纷纷参与集资，集资对象由单位内部发展到外部人员。

2. 混淆视听，非金融企业吸收公众存款。社会公众误认为建苑物资贸易中心是安阳县某银行的下属企业，有银行背景，把钱交到建苑物资贸易中心就等于存到了银行，还能获取高额利息。实际上，虽然建苑物资贸易中心由银行工会向工商管理部门申请设立，但作为独立法人，该中心属于一般类工商企业，并不具备从事吸收社会公众存款等商业银行业务的资格。

案件查处

1998 年 3 月以后，一些参与集资的群众再未收到建苑物资贸易中心承诺支付的利息，也拿不回本金，经多次奔走，一直没有结果。2000 年 8 月，建苑物资贸易中心营业执照被安阳市工商行政管理局吊销。

2007 年，田某某被刑事拘留，同年 9 月被逮捕。2008 年安阳市北关区人民检察院对田某某提起了公诉。经法院认定，建苑物资贸易中心未经中国人民银行批准，以单位名义变相吸收社会公众存款，田某某作为该中心的法定代表人，已构成非法吸收公众存款罪。因犯罪情节轻微，免予刑事处罚。

案件警示

未向社会公开宣传，在亲友或者单位内部针对特定对象吸收资金的，不属于非法吸收或者变相吸收公众存款。但是即便是单位职工参加内部集资，也不是万无一失、没有风险的。如果内部集资逐渐不受控制转向社会不特定人群集资，不论其初衷如何，其实质都会演化为非法集资，如果因为种种原因致使资金链断裂无法支付承诺的高息，无法返还本金，那么不管是单位职工还是社会投资者，投入的资金都可能血本无归。

一位农民的犯罪之路

——河南汤阴县农民高某某非法吸收公众存款案

中国农民向来靠自己的辛勤劳动发财致富，但河南省汤阴县农民高某某却另辟捷径，非法吸收公众存款发放贷款赚取利差，最终走上犯罪之路。

案情简介

1968 年 1 月出生于河南省汤阴县瓦岗乡大江窑村的农民高某某，初中文化，曾担任汤阴县瓦岗乡信用社协储员。2006 年 6 月至 2007 年 5 月期间，他以个人名义非法吸收农户存款，金额 155 万元，月利率 2. 52‰。后又以 10‰的月利率贷给其他农户。案发后，高某某的家属将 153 万元的存款手续全部转给贷款户，由贷款户还款。

作案手段

1. 隐瞒身份吸收存款。高某某原来当过某信用社的协储员，在本地家喻户晓，2006 年 5 月 26 日信用社与高某某解除劳动合同后，群众并不知情，仍认为他在代理信用社行使职责。他故意隐瞒被辞退这一事实，仍以协储员身份吸收农户存款，使很多村民上当受骗。

2. 假借邮政储蓄、信用社凭证骗取信任。为了不被村民怀疑，高某某先后从邮政储蓄所、信用社柜台拿走存款凭条 400 余份，把单据一式两份填写好，一份交给存款农户，一份留着自己备查，使受害人误认为自己的钱已经存在银行，手中拿到的是正规的银行存款凭证。当办案人员在现场查看高某某揽储的手续时，高某某泰然自若地拿出 200 多张信用社和邮政储蓄所的存款凭条，声称他将群众的钱都存到了相应的银行。而当民警要求与信用社、邮政储蓄所核实手续时，高某某情绪紧张，辩称他的钱还没有存到银行。民警要求提供相关账本时，高某某却说没有记账。

案件查处

2007 年 6 月 5 日，汤阴县公安局经侦大队接到群众匿名举报称高某某私自吸收存款，民警赶赴瓦岗乡进行调查。至此，高某某非法吸收公众存款案浮出水面。因涉嫌非法吸收公众存款罪，高某某于 2007 年 6 月 5 日被汤阴县公安局刑事拘留，后被汤阴县人民检察院依法批准逮捕。汤阴县人民检察院指控高某某犯非法吸收公众存款罪，于 2007 年 9 月 14 日向汤阴县人民法院提起公诉。

法院经审理认为，被告人高某某非法吸收公众存款，扰乱金融秩序，数额巨大，其行为已构成非法吸收公众存款罪。依据《中华人民共和国刑法》第一百七十六条第一款、第七十二条第一款的规定，以非法吸收公众存款罪依法判处高某某有期徒刑三年，缓刑五年，并处罚金 5 万元。

案件警示

《中华人民共和国商业银行法》第八十一条规定，未经国务院银行业监督管理机构批准，擅自设立商业银行，或者非法吸收公众存款、变相吸收公众存款，构成犯罪的，依法追究刑事责任。本案给银行业金融机构和社会公众尤其是广大的农民朋友敲响了警钟。

商业银行（农村信用社）要加强对协储员的管理，杜绝协储员辞工后继续冒用协储员身份进行不法活动。广大农民朋友存款一定要亲自到银行网点办理，不要图一时方便由别人代为转存。

第五章
涉及证券期货类非法集资

1984年11月18日，上海“飞乐音响”公开发行股票，成为改革开放后中国第一股；1986年9月26日，在上海南京西路1806号，新中国第一家证券交易柜台——中国工商银行上海信托投资公司静安证券业务部诞生；1990年11月26日，上海证券交易所成立，这是新中国第一家证券交易所。至今，中国证券市场走过了整整28个年头，已成为企业融资和社会公众投资的重要渠道。与此同时，证券市场也因其高风险、高收益，成了冒险家的乐园，投机盛行，各类围绕证券发行、交易的骗局一并出现，不法之徒通过广告、信函、网络信息、手机短信、推介会、自行或者雇人游说等方式，散布所销售的是即将上市的公司的原始股，购买后可获得高额回报等谎言，诱骗公众购买。

本章对利用证券市场进行集资诈骗的七个案例进行了剖析，希望有助于公众分清是与非、善与恶。

“海市蜃楼”终消散

——陕西金园汽车集资诈骗案

“海外上市”，多么迷人的字眼，然而终如海市蜃楼般消散，那些购买金园汽车原始股、寄希望于其海外上市后发大财的投资者注定要自吞苦果。

案情简介

2006年3月起，全国各地许多中介公司通过广告疯狂推销一家名叫陕西金园汽车产业发展股份有限公司的股票，每股售价4元。中介宣称该公司即将于2006年底在美国上市，届时每股股价将翻两番，年回报率超过200%。在高额收益的诱惑下，有20多个省市的投资者参与其中。

金园汽车的前身系陕西西部汽车工业贸易有限公司，1996年8月注册成立，注册资本200万元，法定代表人董某，2005年通过虚假出资，将公司更名为金园汽车产业发展股份有限公司，注册资本4000万元。

2005年11月，一家名为陕西明道启圣投资管理有限公司的管理人员找到金园汽车，称可以帮助其融资，把金园汽车的部分股权转让出去，然后进行海外上市。就这样，明道启圣法定代表人王某和董某分别代表两家公司签订了财务顾问协议，约定由明道启圣作为财务顾问和企业上市专项财务顾问，推荐金园汽车赴美国场外柜台交易系统（Over the Counter Bulletin Board，OTCBB）通过买壳上市，并提供股权转让、咨询等服务，帮助做好策划、宣传等工作。

而后，王某开始疯狂策划金园汽车虚假上市，对外宣传和包装金园汽车，同时在全国各地聘请59家中介公司为其推销金园汽车的股票，这些中介公司以每股4元左右的价格向公众销售金园汽车的股权，每股提成2.2～2.7元。就这样，在不到半年的时间里，王某通过59家中介公司向2700余人次销售金园汽车股票，销售额达6279.57万元。其中3600万元被作为提成支付给了中介机构，600多万元被用于明道启圣运营费用和所谓的金园汽车海外上市费用，1000万元左右转给了董某，其余被王某转入亲属的银行账户。那些做着获取巨额回报梦的投资者万万没有想到，他们的投资本金早已打了水漂。

作案手段

1. 海外上市，吸引眼球。王某运用海外上市概念实施犯罪，一方面给投资者一个假象，即海外上市的回报比国内更高，具有较强的吸引力；另一方面国内投资者对海外资本市场和有关政策不熟悉，不易揭穿其犯罪行径。王某指使公司人员制作金园汽车与 Charly Schweb & Co. , Inc. 之间的虚假上市委托合同。事实上，这些合同材料都是从网上下载虚构的，签字都是模仿外国人胡乱画的，这些胡编乱造的资料竟然吸引了众多投资者的眼睛。

2. 精心包装，疯狂宣传。与金园汽车签订财务顾问协议以后，王某在明道启圣内部虚设了“金园汽车证券部”，设立证券部热线电话。对外统一口径回答股民问题，消除投资者疑虑。建立金园汽车网站，制作致股东白皮书等文件，在网站和一些国内知名报纸上发布金园汽车业绩良好并将很快在海外上市等虚假消息。

3. 制作假账目，虚增利润。王某通过各种方式编造金园汽车的漂亮财务数据，欺骗投资者。如金园汽车致股东白皮书中记载“2005年金园公司资产总计8755.61万元，主要业务收入为7214.1万元，主要业务利润为2510.79万元”等内容。这些内容都是王某让董某指使金园汽车财务人员做的假报表，事实上，2005年金园汽车的税后利润只有100万元左右。

4. 召开见面会，骗取股民信任。2006年7月，王某指派员工前往北京、天津等地的中介公司，代表金园汽车办理所谓的股权确认手续，安排董某等人在上海召开股东见面会，宣读金园汽车承诺书，承诺2006年9月底金园汽车股票将在海外上市等。

案件查处

2006年9月，公安机关根据群众举报，以涉嫌擅自发行股票罪将王某和董某刑事拘留，随后将其逮捕。2008年7月21日，西安市中级人民法院经过审理作出判决，以集资诈骗罪判处王某无期徒刑，剥夺政治权利终身，并处没收个人全部财产及罚金50万元；判处董某有期徒刑十年，并处罚金40万元。

王某不服，向陕西省高级人民法院提出上诉。

陕西省高级人民法院最终裁定，王某未经国家证券监督管理部门批准，明知金园汽车不能境外上市，却仍以金园汽车海外上市为名，夸大金园汽车业绩，许诺该公司即将海外上市，通过网络、报刊及非法中介机构向社会不特定人群进行虚假宣传，诱骗众多群众购买金园汽车的股权，并将大部分募集的资金作为中介费支付给非法中介机构，其余资金也在主观上未打算、客观上也始终未投入到可用于实现广大购买股权群众利益的金园汽车生产活动中，导致购买股权群众的利益根本无法保障和实现，因此非法占有集资款的目的明确。同时，根据国家有关政策，金园汽车根本没有可能实现海外上市，因此其能否上市与是否有上市团队无关。王某指使和操纵股权出售事宜的各个环节，在犯罪中起主要作用，构成主犯要件。陕西省高级人民法院最终裁定驳回王某上诉，维持原判。

案件警示

金园汽车成立于1996年，注册资本较大，有一定社会知名度，其所精心营造的空中楼阁更具迷惑性。如受骗者中一名深圳男子被骗147万元，还有多名日本人被骗1200万日元，足以说明犯罪分子骗术之高。

事实上，犯罪分子的漏洞百出，只要稍加咨询和了解，就可以戳穿犯罪分子的阴谋，避免受骗。根据中国证监会《关于企业申请境外上市有关问题的通知》，国内企业申请海外上市的净资产不得不少于4亿元，过去一年的税后利润不少于6000万元。而金园汽车即便经过虚增出资，注册资本也不过区区4000万元，每年的利润不过百万元，根本不具备申请境外上市的条件。《国务院关于暂停收购境外企业和进一步加强境外投资管理的通知》规定，国家禁止境内企业通过购买境外上市公司控股股权方式进行买壳上市。本案中犯罪分子正是采取海外买壳上市方式进行行骗的。

股权买卖是高度复杂、风险极高的业务，要对相应公司足够熟悉以及对行业发展、财务会计知识以及相关政策充分了解，这根本不是一个普通老百姓能做到的。当前，风险投资日益盛行，广大投资者参与风险投资活动时要慎之又慎，勿再被一些空中楼阁迷蒙双眼。

生态园里的阴谋

——陕西华西股份公司出售原始股集资诈骗案

一个以发展生态农业为名的企业，通过虚假注资夸大实力，未经国家批准对外出售原始股，最终骗取公众资金上千万元，令人深思。

案情简介

2003 年至 2005 年期间，西安市的一些公园里、事业单位及大专院校的家属区，一批兜售原始股的业务员进进出出，主要向老年人散发宣传资料，声称销售原始股，表示公司已在陕西省技术产权交易所挂牌交易，很快将公开上市，购买者届时将获利丰厚，并承诺上市前购买的原始股每股每年可获得 0.3 元的分红。

贺某某在1999年注册成立了杨凌华西绿化工程有限公司，并自任董事长兼总经理。2001年至2002年12月间，贺某某开始对外宣传即将成立杨凌华西高科技生态农业股份有限公司（即华西股份公司），并称该公司很快将上市获得高额回报，以此向社会公众预售华西股份公司股票。2002年12月，在贺某某的操纵下，由华西绿化工程公司发起、挂名股东虚假出资注册成立了华西股份公司，贺某某任董事长兼总经理。随后，贺某某即虚构公司良好业绩和前景，以转让华西股份公司股权名义，疯狂向社会公开募集资金。2001年至2004年初，华西股份公司共向657名投资者募集资金980余万元。

2004年4月，华西股份公司非法转让股权的行为被证券监管部门查处后，贺某某为继续获取资金，又以华西股份公司建设“乌鸡项目”的名义，采用夸大收益和股权担保等手段，诱使群众投资该项目。在不到一年的时间内，共向222名投资者吸收集资款200余万元。

作案手段

1. 虚假注册公司，构筑作案平台。华西股份公司的工商注册资料显示，该公司注册资本合计3400万元，出资人包括华西绿化工程公司等四家公司及贺某某等二人，而实际上这些出资人都是贺某某拉来的挂名股东。贺某某还伪造了会计师事务所的验资报告，掩盖华西股份公司只是空壳公司的事实。

2. 聘请中介人员，高额提成激励。贺某某聘请专门的中介人员帮助宣传兜售所谓的原始股，规定公司股票每股卖2.6～2.8元，业务员每股提成1.2元，虽然2004年以后每股提成变为0.9元，但公司集资的股票款中仍有30%～40%被作为提成分配给了业务员。高额提成比例大大激励了业务员为其卖命，不惜采用坑蒙拐骗等各种手段拉客户。

3. 精心选定目标，顺利实施犯罪。贺某某在募集资金对象上费尽心思，把有一定经济实力、相关知识较为欠缺、容易上当受骗的群体作为推销对象。按照这种思路，他最终把目标锁定在企事业单位和大专院校的老年人身上。这些老年人一般都有一些富余的养老资金，股票相关知识较少，投资经验不足，便于贺某某顺利实施诈骗活动。

4. 虚构经营状况，大肆蛊惑群众。华西绿化工程公司、华西股份公司向投资者出具的承诺书载明，华西股份公司拥有20余个高效益项目，利润空间超大，经过两年的发展，公司资产将达8000余万元，盈利将达300多万元。此外，贺某某还经常带投资者到公司农业基地和“乌鸡项目”参观考察。事实上，华西股份公司基本没有资金，其经营费用基本都是依靠集资款，集资款中也只有极少一部分投入到实业生产中，收益无几。如华西股份公司的7个生产基地中有3个根本未投入资金，另外4个也仅投入53万元，“乌鸡项目”所有投入资金也只有区区6.99万元，由于所养乌鸡几乎全部死亡，基本没有任何效益。

5. 假借挂牌交易，诱骗群众上当。贺某某骗术得逞的一个关键环节，是其成功在原陕西省技术产权交易所进行挂牌，将华西股份公司的有关信息在该交易所屏幕上不断显示，造成该公司即将公开上市、上市前股权交易繁荣的假象。许多投资者都是在看到这一情况后，作出了投资的决定。事实上，华西股份公司在该交易所挂牌只是符合披露公司信息的条件，并不能交易股权，这一点却被贺某某故意隐瞒。

案件查处

2005年4月，一些投资者找公司要求分红，发现贺某某已不知去向，于是向公安机关报案。2005年12月1日，贺某某被公安机关以涉嫌非法吸收公众存款罪刑事拘留，2006年1月11日被逮捕。

2007年4月，西安市中级人民法院审理了该案。法院认为，贺某某虚构公司情况、集资用途以及公司股权已获准挂牌交易等事实，以公司即将上市以及投资能获得高额回报为诱饵，未经证券监管机构批准，向社会募集巨额资金，仅将其中的60万元投入到公司生产活动中，在明知公司无力归还集资款时，又试图采取转让公司的方法逃避返还资金，在主观上具备非法占有目的，客观上使用了诈骗方法非法集资，符合集资诈骗罪的要件。2007年4月19日，法院作出判决，以集资诈骗罪判处贺某某有期徒刑十五年，并处罚金30万元。贺某某不服，向陕西省高级人民法院提出上诉。陕西省高级人民法院作出驳回上诉、维持原判的裁定。

案件警示

股票永远都是一个迷人而又多少有些可怕的字眼，买卖股票往往代表一夜暴富的可能，但也有可能是一步步本金亏尽，可谓几家欢喜几家愁。普通老百姓面对投资股票的高利诱惑，应该要保持平常心，扪心自问为何这种好事会摊到自己头上。经过理性的拷问和简单的了解，就会知晓骗局的真相，从而审慎抉择，保护自己。

有些投资者发现犯罪分子的不法行为后，不愿意相信被骗事实，或者基于自身利益考虑而替其辩护，心存幻想能收回自己的投资，最终的结果只会让损失更为惨重。本案中，2004 年 4 月证券部门查处华西股份公司非法发行股票以后，贺某某又新生伎俩，与投资者制定了退股和回购协议，承诺在 2006 年底如果公司没有上市，将回购之前所出售的股权，一些投资者竟然再次相信贺某某，与其签订有关协议，令其得以苟延残喘，继续实施违法行为。因此，参与非法集资的投资者在获悉真相后要及时醒悟，悬崖勒马，避免血本无归。

上市谎言

——山东港岳公司集资诈骗案

山东港岳公司法定代表人李某某编造公司股票将要上市的谎言，骗取投资者资金，用于偿还债务及个人消费，最终也为自己的行为付出了沉重的代价。

案情简介

李某某，1999 年毕业于天津财经学院硕士研究生班，曾任泰安市政府办公室职员、副科长，历任泰安市港岳股份有限公司董事长兼总经理、山东港岳集团股份有限公司董事长兼总经理、山东港岳永昌集团股份有限公司（系港岳航电的前身）董事长和港岳航电（山东港岳与山东神舟合并后的简称）董事长，上述四家公司实为同一家（以下统称为山东港岳），只是名字作了变更。李某某还曾担任多个社会职务，如全国工商联第八届执行委员会委员、山东省政协第八届委员会委员、山东省海外联谊会顾问等。

2002 年到 2007 年，他利用经济欠发达乡镇急需招商引资的心态，在泰安的一些乡镇获得了大量的土地使用权，并利用其进行了频繁的股权交易，从而实施"造壳计划"，以期将公司的"壳"做大做强，进而吸引有实力的实业公司合并重组，从而达到整体上市的目的。2008 年初到当年 7 月，一些中介机构通过电话推销的方式，以 3.3 元/股的价格转让山东神舟航电股份有限公司的法人股，共诈骗被害人 2630 万元。据不完全统计，全国共有 250 多名投资者上当受骗，投资额少则 3 万元，多则 200 万元。司法机关追回被骗资金 200 余万元，仅占原募股资金的十分之一。

作案手段

1. 虚报注册资本，夸大公司实力。1998 年，李某某控制的公司因无力偿还贷款及借款，原有的全部资产、公司账号等均被法院查封、处理，无法再进行经营。他通过假账目、假出资和假评估等手段，先后对其实际控制的亨昌工贸、港岳铭山、港盛工贸、湖南银河、山东神舟等公司进行虚假注资，目的就是为了展示自己的实力，骗取投资者的信任。其中，山东神舟虚报注册资本13亿元。

2. 编造上市谎言。李某某对外宣称，山东港岳股票将于2008年底由“三板”转“主板”，并在深圳证交所上市，吹嘘山东港岳股票上市交易后将获得丰厚利润。在泰安“绿色山庄”召开山东港岳与山东神舟吸收合并大会，分别在《大众日报》、《泰安日报》以及券商“国泰君安”的信息平台上发布相关信息。

3. 移花接木，偷梁换柱。自2007年11月开始，李某某等人对外宣传并推销山东港岳法人股股权。此后，李某某指使孙某某等人向社会公众推销转让山东港岳法人股股权。孙某某等人按照李某某的安排先后将各自名下银行账户公布在信息平台上，自己或通过中介给投资人寄去申购书、批复函、股权转让协议等文书，让投资人把购买股权款存入他们指定的个人账户，签订股权转让协议，办理股权过户手续。实际上，股权转让协议和股权证上载明的是亨昌工贸、港盛工贸持有的山东神舟法人股股权。

4. 伪造民事诉状。2009年6月，李某某指使他人，假借股民名义，伪造民事诉状、授权委托书等诉讼文书，到泰安市岱岳区人民法院立假案，试图用诉讼方式将山东神舟法人股过户到个人名下。

案件查处

2007年11月8日，港岳永昌召开临时股东大会，审议通过山东港岳永昌集团股份有限公司吸收合并山东神舟航电股份有限公司的决议后，就再无实质性进展。此后，感到受骗了的投资者们四处奔走，进行举报、上访、诉诸媒体等，并经历了漫长等待。

2009年，李某某等六人因涉嫌犯罪先后被刑事拘留。山东省泰安市中级人民法院审理认为，李某某等六人以非法占有为目的，使用诈骗方法非法集资，数额特别巨大并且造成数千万元资金不能追回的严重后果，其行为均已构成集资诈骗罪。依据《中华人民共和国刑法》，判处李某某无期徒刑，剥夺政治权利终身，并处没收个人全部财产；以虚报注册资本罪判处其有期徒刑三年，并处罚金4000万元；决定执行无期徒刑，剥夺政治权利终身，并处没收个人全部财产。以集资诈骗罪分别判处其他被告人有期徒刑，并处罚金。

宣判后，李某某、赵某某、孙某某均不服，以“无非法占有目的，不构成集资诈骗罪；涉及公司不是空壳公司；集资诈骗数额计算有误，个人占有的数额计算有误”、“不构成虚报注册资本罪”、“量刑重”为由，分别提出上诉。

山东省高级人民法院裁定，驳回上诉，维持原判。

案件警示

我国资本市场经过二十多年的发展，已经逐步规范，在股海中搏杀的股民也日趋理性。全民炒股、只要攥着一张写着“股票”两个字的纸片就能发财的狂热时代已经一去不复返了。在民间买卖未上市公司股票或上市公司未流通的内部职工股的市场，被业内称为股票“一级半市场”，并不被国家法律所认可。但还是有个别投资者，幻想通过私下购买的内部股、原始股赚取利益。不法分子正是利用一些人的这种心态，设计骗局，让信以为真的人付出惨痛的代价。

本案中，不法分子把通过“股权转让”诈骗来的资金除一部分用于偿还债务外，其余都用于购买房产及个人挥霍。这个案件提醒善良的人们，“天下无贼”只是一个美好的愿望，当感觉到天上有块馅饼砸向你的时候，千万不要忘记——当心你身边的骗子！

“黑市”的诱惑

——甘肃兰州证券黑市系列集资诈骗案

有人说，现如今到处都是经济骗子，找工作碰到传销骗子，谈恋爱碰到婚托骗子，手机短信里经常有发获奖通知的骗子，就连投资股市也免不了会碰到股市骗子。经济骗子屡屡得手，受骗者何以轻易上当？这不能不引发人们深思。

案情简介

从1996年开始，兰州地区一些不具有证券、期货经营资格的公司打着“财经信息”、“投资咨询”、“商贸服务”等幌子，未经中国证监会批准擅自开设证券、期货交易场所，通过虚假融资、模拟运作等手段，诱使一些投资者参与非法证券交易活动，从中骗取了大量钱财。涉及受害人员之多，金额之巨大，令人触目惊心。

这些所谓的“公司”在租借的房子里，摆上几十台电脑，利用卫星接收器、互联网、有线电视来接收股票行情，建成虚假的模拟股票交易系统。在社会上招聘一些人员，到正规的股票交易场所去拉股民，说他们那里每人一台电脑，还有免费的午餐，还可以按投入保证金的比例融资，有专家帮助炒股，只赚不赔，以此诱骗不明真相的股民来炒股。但是不久，越来越多的股民发现，在他们那里做股票，只有一个结局——亏损。客户买的“消息股”从一上手就开始烂；自己没有融资，但账上却显示欠了公司一大笔钱；自己不想买的股票，经纪人却自作主张大数目吃进；电脑在股市行情看好时，不是停电就是死机，或者出现系统紊乱，客户想买的股票总是无法到手；股票下跌时，客户无法及时抛出股票，直到造成巨额亏损，公司才以保全资金为由，为客户强行“平仓”。其实这些公司从一开始就没有进入沪深股票交易系统，他们只是虚拟股市的股民、受骗的股民。他们的保证金从一开始就已经装入了这些骗子的腰包。受骗者中有军人、公务员、个体户。许多人被骗光钱后，以为是自己做亏了，只好挥泪而去。

有些股民发现被骗后，开始到工商和证监部门投诉反映。公司一得到信息就会贴出告示，告诉股民们："遵照上级批示，公司停业自查，请股民们清仓走人。"第二年，换个法人代表，换个公司名称，换个地方，又开始了新一轮的欺骗。对于有些发现了公司骗术的股民，就让经纪人到家里做家访，记住家庭住址，威胁股民如果和公司作对，就抄他们的家。

据有关部门统计，当时在兰州共有3000多人次参与了证券黑市交易，这些黑市究竟给广大投资者造成多少损失，具体数字已经无从考证，但有一点是肯定的，那就是所有参与黑市交易的股民均损失惨重，负债累累。

作案手段

1. 瞒天过海，虚假注册。黑市公司为了规避工商部门的检查和证券管理部门的监管，故意提供虚假资料，申请以商务信息咨询公司或经济信息咨询公司等与股票交易业务相关，且容易产生歧义的公司名称注册登记。

2. 违规操作，合约欺诈。黑市公司注册登记后，通常都会招揽大量无业人员，传授拉客技巧，变成所谓的"经纪人"，专门诱骗发财心切的股民进入黑市交易。公司还与客户签订"股票买卖风险说明书"、"户口处理委托书"及"客户资金调拨授权书"，以合约骗取交易者股票及资金处理权，随意洗劫入场资金。

3. 暗度陈仓，洗劫资财。黑市公司将交易者要买进或卖出的股票报给接盘公司（黑市公司为进行诈骗活动在异地注册的姊妹公司）进行股票模拟交易，买卖交割单根本就没有进入正规的沪深交易系统。

案件查处

兰州证券诈骗案的揭露，最初缘于2001年2月《中国经济时报》两名记者一篇石破天惊的报道。面对股民的凄惨状态，两名记者气愤难平，下决心把事件弄个水落石出，于是从2000年11月开始着手调查。

《兰州证券狂洗"股民"》发表后，国务院领导连续作出重要批示，甘肃省委省政府也开展了全省性的专项打黑斗争。2001年2月13日，甘肃省政府召集省市公安、工商等部门，并约请中国证监会驻兰州特派办等部门的领导，召开打击集资诈骗活动紧急会议，部署省内各部门查处打击集资诈骗活动专项行动，要求省、市办案单位迅速行动，抓捕犯罪嫌疑人，查封账户，查扣赃款赃物，不管涉及谁，一查到底，决不手软，将受骗群众的损失降到最低限度。

甘肃警方历时一年有余，经过异常艰苦的努力工作，终于在兰州集资诈骗案的侦破工作上取得了决定性胜利。一大批犯罪嫌疑人员纷纷落网，涉案的14家集资诈骗公司经公安机关侦查终结，先后移送检察机关起诉。

从2003年4月起，兰州市中级人民法院先后公开审理了“力鑫”、“立祥”、“王成”等系列集资诈骗案，涉案犯罪嫌疑人分别以集资诈骗罪和非法经营罪判处无期徒刑和有期徒刑。

两名记者的报道文章，把近150名犯罪分子送进了囚牢。此后，全国26个城市也清理整顿了数百家黑市公司。兰州证券诈骗案成为2001年“全国经济秩序整顿第一大案”。

案件警示

证券黑市雇用大批无业人员到股票交易所游说股民，许以高额回报、十倍融资、专家帮助炒股、包赚不赔等优厚条件，诱骗不明真相的股民参与黑市交易，空买空卖，直至洗空股民账户。其实，股民只要摆正心态，摒弃一夜暴富的想法，擦亮眼睛，就不会受骗上当。区分证券黑市公司和合法券商的关键是看它们有没有相关部门颁发的证券经营许可证。如果没有，股民就要多长个心眼。不要相信那些打着信息服务、信息咨询等名义从事证券交易和代理的公司，因为这些公司根本不具备从事股票交易的资格。合法的券商不会许诺股民一至十倍的融资，而证券黑市正是以此为诱饵来欺骗股民。

正所谓，天下没有免费的午餐，不要轻易相信“天上掉馅饼”的美事降临到自己头上。

原始股的诱惑

——陈某某非法经营案

刘某是国内一家以连锁模式经营的大型现代化口腔医疗机构JM集团有限公司董事长，他也许万万没想到，一些别有用心的骗子会将他的公司当做道具，利用国内一些无知投资者渴望赚取暴利的心理，通过出售所谓的可以到美国上市的原始股非法敛财。

案情简介

2006年底，在一次朋友聚会上，刘某见到了法籍台湾人陈某某，陈某某声称自己是香港某投资公司董事，到北京的目的是寻找投资项目。时隔几日，陈某某假借到刘某的公司拜访，偷走了JM集团简介和一份瑞士某银行为该公司撰写的承销计划书。之后，陈某某在英属维尔京群岛注册了与刘某的 JM 集团名称相仿的 JM 控股集团，并伪造了股权证。在完成上述准备工作后，陈某某向其朋友察某某宣称 JM 集团马上就要在境外上市，可以弄到部分原始股出售，购买金额有比较高的门槛，上市后升值空间很大，骗取察某某等人 650 余万元。陈某某还让察某某作为中间人，介绍别人来销售和购买原始股，并从中抽取差价作为提成。其后，察某某与毕某某、樊某某在自己购买原始股的同时，利用自身为某证券公司营业部经纪人的身份对外非法销售该原始股，并向客户描绘 JM 集团在美国上市后的美好前景，表示一旦购买了这种原始股，上市后就会得到高额的回报。2007 年 4 月至 9 月，非法兜售原始股涉及人民币 3100 余万元，非法获利 1100 余万元。

作案手段

1. 伪造身份，粉墨登场。陈某某给自己冠以香港某投资公司董事的身份，经常身着名牌出入高级社交场所，伺机寻找作案目标。本案中，陈某某就是在一次聚会上结识 JM 集团董事长刘某的，经过些许攀谈，就锁定了目标。

2. 境外注册，以假乱真。陈某某在境外生活多年，对于境外金融有一定的了解。为了避免在当今信息社会被人揭穿骗局，确保诈骗得逞，他冒用刘某名义在英属维尔京群岛注册与北京 JM 集团名称相仿的公司，然后拿着虚假资料对外宣传。由于真实的 JM 集团确实在做上市的运作，加上陈某某利用真实的 JM 集团资料仿造虚假宣传资料，使人很难辨别真伪。

3. 高额回报，诱惑难挡。原始股因具有上市后翻倍增长的财富效应而备受投资者追捧，陈某某正是利用人们想通过购买原始股一夜暴富的心理设计了骗局。

4. 门槛高设，欲擒故纵。在销售之初，陈某某就设定了很高的门槛，购买就要用美元，因为要在美国上市，而且购买原始股要有最低额度，投资少了还不卖。如此一来，好多人都认为以 JM 集团的实力，较高的投资门槛是合情合理的，反而对其更加深信不疑，丧失了必要的警惕性。

5. 专业营销，真假难辨。股权证印好了，得找人销售，陈某某找到在证券公司工作、有一定客户基础的察某某，陈某某告诉察某某自己可以弄到 JM 集团即将上市的原始股，察某某在网上查阅 JM 集团确实要上市，认为陈某某的资料很真实，就利用自己的专业知识向客户推销原始股。

案件查处

2007 年 9 月 20 日，毕某某、樊某某到公安机关举报陈某某、察某某非法销售虚假的原始股，并协助公安机关抓获陈某某、察某某，毕某某、樊某某也因参与非法销售虚假的原始股被拘传。

法院认为：被告人陈某某无视中华人民共和国法律，以非法占有为目的，在境内采取出售虚假原始股的方法，骗取他人购买股票的钱款，其行为已构成诈骗罪，且诈骗数额特别巨大，依法应以惩处。被告人察某某、毕某某、樊某某未经国家有关部门批准，销售该虚假原始股，非法经营证券业务，扰乱市场秩序，其行为已构成非法经营罪，且系情节特别严重的，依法均应以惩处。

2008 年 8 月，陈某某因犯诈骗罪，被判处有期徒刑十二年，罚金人民币 10 万元。察某某因犯非法经营罪，被判处有期徒刑十一年，罚金人民币 642 万元。毕某某因犯非法经营罪，被判处有期徒刑八年，罚金人民币 83 万元。樊某某因犯非法经营罪，被判处有期徒刑八年，罚金人民币 380 万元。

案件警示

原始股票是指在公司申请上市之前发行的股票。在中国证券市场上，“原始股”一向是盈利和发财的代名词，因而成为广大投资者争相追逐的对象。但实际上，原始股在中国证券市场上购买到的机会相当有限，它的购买者大多是与公司有关的内部投资人、公司有限的私募对象、专业的风险资金投资人等。在这种矛盾之下，围绕原始股的各种骗局频频出现，谎称即将在海内外证券交易所上市诱骗社会公众购买所谓的原始股是当前非法证券活动的主要表现形式。

我国《证券法》规定：“公开发行证券，必须符合法律、行政法规规定的条件，并依法报经国务院证券监督管理机构或者国务院授权的部门核准；未经依法核准，任何单位或者个人不得公开发行证券。”因此，从非法经营的机构或个人手中买卖这类原始股票的行为难以得到法律的保护，广大投资者千万不要抱有侥幸心理，买卖证券应当到依法设立的证券交易所进行。

草根 PE 的骗局

——上海黄某非法集资案

一名年轻的创投企业发起人、私募股权基金（PE）管理者，一群以退休职工为主体的投资人，融资的别有用心、投资的盲目轻率，充分暴露出目前草根 PE 界的混乱现状。

案情简介

当创投企业受热捧时，“80 后”的黄某与李某某等人合谋发起所谓的创投企业吸收社会公众资金。2006 年 2 月至 2008 年 8 月，黄某伙同李某某、王某某等人先后注册成立上海汇乐投资管理有限公司、上海汇义投资管理有限公司等九家投资管理公司，以投资者参与公司发起设立可得到无风险的高额回报为诱饵，向社会公众非法募集资金共计 1.3 亿余元。

在私募基金概念炒作如火如荼之际，黄某对其吸引资金的方式进行了“升级”。2008 年 4 月至 2009 年 4 月间，黄某纠集张某某在上海成立德浩企业，在天津注册设立德厚基金公司，以招募私募基金的名义，以签订协议、承诺 8.4% 的固定年收益为诱饵，向社会公众募集资金 4800 余万元。

至案发，黄某等人所筹集的 1.78 亿余元款项除部分返利、归还投资款及投资外，大部分资金被用于炒股、提现、出借及购置房产和个人消费，并挥霍殆尽，造成参与者经济损失 8500 余万元。

在未经主管部门批准的情况下，2003 年 7 月至 2006 年 1 月间，黄某等人利用租借的办公地点招揽客户，采用低吸高抛的方法，非法买卖、转让三家非上市公司的股权，收取客户资金 1944 万元，从中非法获利 838 万元。

作案手段

1. 夸大宣传，利益诱惑。公司设立过程中，黄某、李某某培训公司人员采用随机拨打电话、向亲友介绍其设立的创投企业等方式吸引公众投资，还多次在上海、安徽、浙江等地设立多个招募投资经营点，以开讲座、推介会等形式进行虚假宣传，承诺支付8% ~10%的回报收益及许诺分红、超额回购等招揽投资人。对能招来投资的人员给予不同比例的提成，诱使投资人再向他人进行宣传，以招揽更多不明真相的人参与。

2. 分红派息，抛砖引玉。在明知公司并无盈利的情况下，黄某等人欺骗、利用其他股东并以“董事会决定”的名义，在上海、安徽等地设立多家无投资价值的公司，还将投资人的出资款用于支付所谓的“投资分红”，通过借新还旧或挪用本金等方式向投资者兑现每年10%的分红以及超额回购，制造公司机构庞大、实力雄厚、业绩良好的假象，以获取投资人的信任。

3. 虚假增资，居心叵测。为达到不可告人的目的，2008 年 7 月至 8 月间，黄某指使王某某先后采取支付高额中介费、提供相关股份投资比例资料和通过向他人借资及关联企业来回划款增资、验资等方法，为其中两家公司虚报增资，欺骗公司登记主管部门，取得公司增资注册和股权变更登记，成为公司实际控制人，为其继续从事违法犯罪活动创造条件。

案件查处

根据举报线索，证券监管部门对黄某等人以创投、基金为名进行非法集资的行为开展了调查，并移送公安机关。2009 年 5 月 10 日，黄某被刑事拘留。法院审理认为：黄某作为汇乐公司等公司企业的实际控制人，以非法占有为目的，使用诈骗方法非法集资，数额特别巨大，应依法予以处罚。黄某在未经国家主管部门批准、无证券经营资格的情况下，经营非上市公司股份，从中非法获利，情节特别严重，其行为构成非法经营罪，也应依法予以处罚。黄某犯两罪，依法予以两罪并罚。

2010 年 12 月 23 日，黄某被上海市第一中级人民法院以集资诈骗罪和非法经营罪判处无期徒刑，剥夺政治权利终身，没收财产 1000 万元。李某某、王某某以非法吸收公众存款罪被判处有期徒刑六年，并处罚金。

案件警示

私募股权基金是向特定人募集资金或者向少于 200 人的不特定人募集资

金，并以股权投资为运作方式，主要投资于非上市公司股权，最终通过上市、并购、管理层回购、股权置换等方式出售持股获利。

黄某牵头成立汇乐公司等多家非实体企业，对外宣称创投企业，但其实际投资范围却与创业投资毫无关系，只是为非法集资活动披上股权投资基金的美丽外衣。在业内人士看来，黄某案恰恰反映了当前草根 PE 惯用的手法，即在一地注册基金，在另一地融资，有效逃避了监管。实际上，根据《公司法》及《创业投资企业管理暂行办法》的相关规定，注册为股份制公司的创投企业，投资者人数不应超过 200 人、单个投资者对创业投资企业的投资不得低于 100 万元人民币。2009 年，国务院在《关于进一步促进中小企业发展的若干意见》中明确提出“积极发展股权投资基金”，但目前针对股权投资基金管理的全国性法规尚未出台。

创业投资和私募股权投资属高风险行业，广大投资者要谨慎参与创投企业和私募股权基金的投资，不要被高额回报蒙住了双眼。特别是对老年人来说，退休金和多年节衣缩食留下的积蓄是安度晚年的保证，不宜用于高风险的投资，而银行存款是最安全的投资渠道。因此建议老年人应将积蓄、闲余资金主要以定期、活期存款形式存放在正规商业银行，也可以适当购买国债、银行理财产品等，通过利息、理财收益保值增值，为晚年生活提供保障。

海外上市的陷阱

——上海安基公司非法经营案

一家即将在“纳斯达克上市”的“生物科技公司”，令100余名“股民”投资了700多万元人民币，结果却是一场黄粱梦。

案情简介

安基生物科技公司主要从事药物的研发生产，公司成立以来始终处于药物研发阶段，从未进行过任何生产销售。2004年，安基公司法人代表郑某结识了吹嘘能替安基公司在美国买壳上市的谢某某，谢某某随即以恩麦联公司名义与安基公司签订协议，为安基公司在美国买壳上市。实际上，恩麦联公司的经营范围中没有任何与证券相关的项目。

协议签订后，谢某某在美国纳斯达克市场的场外交易板块购买了一个停牌交易的壳公司，另在美国注册成立安基美国生物有限公司。在安基公司未向安基美国公司注资，并且壳公司未与安基美国公司合并的情况下，郑某同意谢某某销售安基美国股票。随后，谢某某自行设计制作安基美国股票，对外则宣称该股票系美国寄来，将安基美国股票以每股1.5～2美元的价格向投资人销售，并承诺安基公司两年之内将在纳斯达克上市，上市后股价不低于每股4美元，如果不上市则将按原价回购股权，并支付相应的银行同期利息。谢某某通过销售安基美国股票共诈骗100多名投资人700多万元，其中4.75万美元交给郑某。

作案手段

1. 以实业为名逃避监督。安基公司成立于1997年，注册资金为3400万元，郑某担任董事长、法定代表人。该公司的经营范围为：生物制品加工，化工原料、建筑材料、金属材料销售。从表面看，这是一家资金雄厚、经营正常的公司，可实际上，公司成立后一直处于药物研发阶段，没有任何生产和销售行为。

2. 高档办公楼粉饰“皮包”公司。谢某某任董事长的恩麦联公司，经营范围为国际经济信息、科技、环保、投资、贸易信息、房产信息、企业管理咨询及市场调研，该公司既无从事证券或产权交易资格，也未取得上市辅导等证券咨询服务资格。谢某某租用上海国际航运大厦、外滩金延大楼、均瑶国际广场、凯迪克大厦等诸多高档写字楼，作为销售所谓原始股的场所，并将办公室装修得气派豪华，给投资者营造公司实力雄厚的假象。

3. 虚拟海外背景炒作美国上市。在销售股票时，谢某某制作全英文的股票、购股协议，美其名曰“为投资者提供在境外证券公司开户的便利”，并以美元制定股票价格，更让投资者觉得公司的“海外背景”深厚。

4. 雇佣推销人员给投资者“洗脑”。谢某某雇佣推销人员按所分配好的电话号段随机进行拨打，使用事先编制好的对话术语，以免费为对方进行证券投资辅导为诱饵招揽客户。一旦有人心动登门，员工马上热情地将其引入小房间，给客户看一大堆材料，先对境内证券市场大肆贬损，再把近年来境内企业海外上市的情况盘点一通，最后把安基公司海外上市前景讲得天花乱坠，实质上是进行一对一“洗脑”，当客户流露出购买意向时，他们就会反复纠缠推销直至客户购买。每骗取一名投资者，推销人员就能得到高额提成。

5. 承诺高回报吸引投资者。郑某、谢某某利用投资者迷信原始股上市以后可以快速致富的心理，以及对海外市场的不了解，鼓吹上市后的高额回报，并承诺如果不能上市将原价回购股票，使投资者相信投资能够保本，从而短时间内募集到大量资金。

案件查处

2005 年 4 月、7 月，谢某某、郑某分别被公安机关刑事拘留。法院经审理认为：谢某某未如实告知投资者所售股票在美国市场的真实情况，将没有任何资产、毫无投资价值的股票以欺骗手法包装后出售给投资人，而且出售伪造的股票，充分体现了非法占有的目的。采用随机拨打电话号码的方式，邀约投资人到各销售点后，诱骗他们购买伪造的股票，且诈骗人数众多。郑某在未经批准，没有经营资格的情况下同意谢某某出售股票，虽未直接参与股票的销售，其行为构成非法经营罪。2006 年 12 月 22 日，法院判决谢某某犯集资诈骗罪，判处无期徒刑，剥夺政治权利终身，并处没收财产人民币 50 万元；郑某犯非法经营罪，判处有期徒刑二年，缓期三年，并处罚金人民币 5 万元。

案件警示

美国证券市场是一个多元化、多层次的证券市场，粉单市场（Pink Sheets）及场外交易板块（OTCBB）均属于柜台交易。粉单市场是一个电子报价系统，它显示股票经纪人报的许多场外交易证券价格，买卖柜台证券的做市商和其他经纪人用粉红单公布他们的买盘价和沽盘价。公司股票在粉单市场及场外交易板块交易，则意味着该公司为非上市公司。场外柜台交易板块是一个电子交易系统，它显示了许多未在纳斯达克股市或全国证券交易所挂牌上市的柜台股票的实时报价、最后成交价和交易量信息。在场外交易板块的公司，不是真正的挂牌上市公司，只能叫柜台交易，由几个做市商相互交易，不是真正意义上的上市公司，美国证券交易委员会亦不承认其上市公司地位。事实上，在粉单市场及场外交易板块交易的公司平均股价都很低。

然而，大多数国内投资者对美国证券市场的情况并不了解，谢某某等人正是利用国内投资者信息的不对称，故意将在纳斯达克挂牌上市与在粉单市场、场外交易板块挂牌交易混为一谈，欺骗投资者。

第六章
涉及中介机构类非法集资

社会中介机构是指依法设立的运用专门的知识和技能，按照一定的业务规则或程序为委托人提供中介服务，并收取相应费用的组织。中介机构提供的服务，就是维护和促进信用交易的顺利进行，降低交易成本。随着社会主义市场经济的建立和逐步完善，房产经纪、融资担保、投资咨询等各类中介机构不断涌现，对维护各市场主体的利益、加速各生产要素的流动起到了积极的作用。但一些中介机构缺少职业规范，从业者良莠不齐，“挂羊头卖狗肉”，擅自超越经营范围，甚至突破道德和法律的底线，非法吸收公众存款或集资诈骗，扰乱了正常的市场秩序。

本章收录了中介机构非法集资的五个案例，希望大家引以为戒。

不务正业的房地产经纪公司

——超越公司非法吸收公众存款案

房地产经纪公司居然可以吸收存款、发放贷款，而且给存款人发放的利息比银行高出许多，真有此等好事吗?

案情简介

刘某于2005年成立超越房地产经纪有限公司，任法定代表人。公司成立初期，主要经营房地产中介业务，由于业务量少，收益不高。为获取高额利润，2006年和2007年刘某先后注册成立了巴州金太阳信用担保公司和巴州银盾投资咨询公司，并跨地区成立了两家分公司。公司一成立就从事非法集资活动，通过在新闻媒体上发布广告，以高息为诱饵，以公司名义出具担保书承诺在一定期限内还本付息，向社会不特定人群集资，同时，以月息2.5%~3%的高利率向社会发放贷款，并按贷款额的5%收取佣金。截至2008年7月，以刘某为首的超越公司变相吸收公众存款9258万元，从中获取非法利益226万余元。

作案手段

1. 借助媒体，发布非法广告。自2006年起，刘某等人先后在库尔勒市、喀什市、阿克苏市多家新闻媒体及商务广告上发布信息，宣称超越公司可以给急需用钱的单位及个人以土地、果园、房产、汽车作抵押提供贷款，并自印名片四处散发，逐步在巴州、阿克苏地区、喀什地区建立了庞大的借贷关系网。

2. 以亲情为纽带，合伙集资诈骗。在超越公司非法吸收公众存款案件的五名被告中，刘某与赵某为夫妻关系，王某为刘某的妹妹，季某与王某为夫妻关系。刘某作为实际控制人，指挥、掌控超越公司、银盾公司、金太阳公司及其分公司所有业务，100万元以上的大额借贷业务均由其亲自审核，并向各公司下派筹资放款任务。其妻赵某负责各公司现金管理，其妹妹及妹夫分别负责金太阳公司和银盾公司的日常业务，由此，构建了以刘某、赵某、王某、季某四人为核心的亲情纽带，构建起跨地区非法集资网络合伙进行集资诈骗。

3. 高额回报，诱惑难挡。为调动业务员的积极性，超越公司在每笔业务佣金中提成30%发放给业务员，并规定多劳多得。在利益的驱使下，业务员通过各种渠道，千方百计寻找投资者，使得非法集资的“雪球”越滚越大。

4. 设立担保公司，欺骗投资者。为欺骗投资者，使其非法行为“合法化”，刘某于2008年1月专门成立了金太阳公司，向放款人出具担保书，保证在一定期限内还本付息。对大额的抵押贷款还签订格式化的抵押借款合同，并办理了公证，以此打消投资者的顾虑。

案件查处

2008年初，超越公司资金链条出现断裂，不断有放款人进行上访或提起诉讼。2008年7月15日，库尔勒市公安局将刘某等五人刑事拘留，同年8月21日批准将其逮捕。2010年8月9日，库尔勒市人民法院以非法吸收公众存款罪判处刘某有期徒刑七年，罚金40万元；判处其余四人有期徒刑六年到五年。刘某等五人违法所得全部予以没收，未追回的违法所得继续予以追缴。

案件警示

按照《中华人民共和国银行业监督管理法》和《中华人民共和国商业银行法》等有关规定，目前只有存款类银行业金融机构可以向社会公众吸收存款，房地产中介、担保公司等一般工商企业不能向社会公众吸收存款或变相吸存，其承诺的回报也不受法律保护，参与者将自担风险。在参与一些投资项目时，投资者必须“留心眼”，不能听信一面之词，也不能仅仅听从身边朋友、同事推荐就盲目投入资金。

不务正业　自食其果

——浙江宁波某担保公司非法吸收公众存款案

担保公司的主业是为借款提供担保、收取保费，但宁波某担保公司却“剑走偏锋”，吸存转贷，赚取利差，公司法定代表人也因此锒铛入狱，自食其果。

案情简介

李某案发前为宁波某担保公司等十家企业的法定代表人或实际控制人。当时，该市民间资金借贷异常活跃。2006 年 12 月至 2008 年 10 月，李某以个人或其实际控制企业的名义，以 1.5% ~3% 不等的月息，向 100 余名不特定个人及 10 余家单位非法吸收存款 1.91 亿元，支付利息 2292 万元。在这些个人债权人中，有个体老板、普通职工、医生、律师等，借款金额从数万元到1000余万元不等。同时，李某又以宁波某担保公司等实际控制的企业为这些巨额债务作担保。李某在向他们借钱时称，只要债权人需要，本金随时可以提取。由于李某在宁波有一定知名度，很多人争相找上门来把钱借给他。

在非法吸收了巨额公众存款后，李某又以2%～7.5%不等的月息，向孙某、徐某等21名个人非法出借资金3253万元，收取利息541万元；以5%～8%不等的月息，向27家企业出借资金共2.22亿元，收取利息5780万元。

作案手段

1. 利用“名人效应”增加可信度。李某出生在宁波，大专学历，2005年取得了香港居民身份证，获得了香港居留权。之前，他经营着宁波某担保公司、浙江某医用工程有限公司等十家企业。因为颇有经商头脑，在宁波商界小有名气。正是凭着“港商”、“名人”身份，他骗取了投资人信任，以至于有些人主动找上门，把钱借给李某。

2. 通过虚假宣传夸大公司实力。李某通过老婆对外宣传：“李某开的担保公司规模很大，经营也很不错，而且得到了当地政府的大力支持。”李某还经常带着老婆、公司财务、出纳到投资人住处，给他们看企业的财务报表以及他个人和企业取得的各种荣誉光环等，骗取投资人信任。事实上，公司经营能力并不像他说的那么好，而且财务报表也是虚假的。李某还通过在报纸上登广告大肆进行虚假宣传，吸引投资人投资。

3. 虚假担保并承诺随时支取本金和利息。李某以1.5%～3%的月利息吸收存款，对每一笔借款都用宁波某担保公司等实际控制的企业作担保，并承诺只要借款人需要，随时可以提取本金和利息。其实，李某借款数额较大，大大超出了担保能力，担保早已形同虚设，一旦资金链断裂，承诺根本无法兑现。

案件查处

让李某想不到的是，2008年下半年，国际金融危机爆发，对国内的经济产生了严重影响。向李某借钱的债务人无法按时偿还，李某对外出借的最大一笔款项高达5600万元，该款项最后无法收回。为此，李某曾通过诉讼的形式追索，也曾到对方企业连坐三天三夜讨债，可惜收效甚微。而李某此时又面临着众多债权人的追讨，所控制的担保公司资金链因此断裂。在走投无路之际，李某于 2008 年 10 月 28 日凌晨到公安机关投案，希望依靠司法机关把钱追回。

李某投案后不但如意算盘没有得逞，反而被公安机关以涉嫌非法吸收公众存款罪立案侦查，然后移送检察机关提起公诉。法院经审理认为，李某向不特定的单位和个人非法吸收公众存款，扰乱金融秩序，数额巨大，应以非法吸收公众存款罪追究其刑事责任。2009 年 8 月 20 日，宁波市鄞州区人民法院作出判决，李某犯非法吸收公众存款罪，判处有期徒刑五年，并处罚金 50 万元，同时责令退赔被害人及被害单位的经济损失。

案件警示

1. 借款有担保不等于借出的钱就没有风险。借钱给别人要求借款人找个人或单位提供担保，是保证本金安全的一项有效措施，但并不等于说有了担保，借出的钱就进了保险箱。关键要看担保人有没有担保能力，如果担保人超出自身担保能力，无限度提供贷款担保，那么其提供的担保承诺就是一纸空文。

2. 投资人借钱给别人，一定要了解债务人底细。本案中，李某向别人借钱时，都是说借款用于公司正常的资金周转，而隐瞒了把钱贷给别的企业从中赚取利差的事实。吴某借给了李某 1500 万元，此前，他和李某素昧平生，对李某的公司情况一点也不了解，但两人的老婆关系很好，常在一起搓麻将、旅游。仅凭这一点，吴某就决定借给李某 1500 万元，而且办手续那天，李某到他公司来时拿出了一叠空白的借款合同。吴某应该想到，如果仅仅只是正常的资金周转，借款次数有限，不会事先准备一叠空白借条，可吴某偏偏忽视了这一点。事后，吴某在圈内打听了一下，发现李某借了很多人的钱，但为时已晚，钱已经打入了李某提供的账户，借款到期后，李某只还了 500 万元，剩余的钱全部打了水漂。

典当行的勾当

——泉州市某典当行非法吸收公众存款案

无论你有何冠冕堂皇的理由，也不管你能编造多么美丽的借口，只要触犯法律，就会受到法律的制裁。俗语说得好："手莫伸，伸手必被捉。"

案情简介

蔡某某在泉州市某典当行担任经理期间，为了发展业务，于 1995 年 7 月至 1996 年 4 月非法向社会公众吸收存款 219 万元。他还利用担任经理职务的便利，以典当行的名义，分别以 25‰、20‰、15‰等不同的月利率，向社会公众吸收存款 73 万元，收款后不入账，又以该典当行的名义分别以 25‰、23. 5‰、18‰的月利率，放贷给蒋某某、王某某、陈某某等人，蔡某某从中将利息差额占为己有。

案件查处

1996 年 12 月，蔡某某被司法机关逮捕，泉州市鲤城区人民检察院以某典当行犯非法吸收公众存款罪，蔡某某犯贪污罪、非法吸收公众存款罪向鲤城区人民法院提起公诉。法院审理认为：典当行是不具备向社会吸收存款资格的法人单位，某典当行未经批准，擅自非法向社会吸收存款 219 万元，蔡某某在担任该典当行经理期间，非法向社会吸收存款共计 292 万元，扰乱金融秩序，其行为已构成非法吸收公众存款罪。依照《中华人民共和国刑法》和《关于惩治破坏金融秩序犯罪的决定》相关规定，判处泉州市某典当行罚金 3 万元；判处蔡某某有期徒刑一年，缓刑一年，罚金 2 万元。

案件警示

典当行又称“当铺”，在我国已有超过 1500 年的历史，是主要以财物作为质押进行有偿有期借贷融资的机构。典当行以物换钱的融资服务功能为中小企业、个人提供了快捷、便利的融资服务。如果你有需要，可以将自己的物品如黄金首饰甚至汽车等质押给典当行获取资金，在约定到期日再将其赎回，以解决临时资金需求。但如果有人推荐你到典当行存款，获取比银行高的利息，那你千万不要参与，因为典当行不具备吸收公众存款的资格。

《中华人民共和国商业银行法》规定：未经国务院银行业监督管理机构批准，任何单位和个人不得从事吸收公众存款等商业银行业务。本案中，蔡某某在担任泉州市某典当行经理期间，擅自对外吸收公众存款，最终受到法律的严厉制裁。

金融家与吸血鬼

——上海必得利公司集资诈骗案

一个无实际资产的空壳公司，却被包装成有投资价值的企业。投资者被海外上市的高回报所诱惑，购买了一张张似同废纸的股票。麦道夫式的金融骗局，让252名投资者损失了2000多万元。谎言最终被揭破，把自己装扮成金融家的潘某某因犯集资诈骗罪，将在监狱中度过他的余生。

案情简介

潘某某是持来往大陆通行证的台湾居民，他在上海认识了黑龙江女子韩某。潘某某在获悉韩某长期在上海从事推销国内“一级半市场”的股权转让工作，并拥有一定客户群及推销人员的情况下，起意与韩某合作，利用国内投资者对境外金融市场的不了解，通过销售所谓“海外上市”股票实施诈骗。两人一拍即合，希望在非法证券交易上有所作为。

2004年3月，潘某某、韩某通过美国必得利财金集团公司上海代表处，招揽张某某、宗某某、金某及孔某某等人，以西安某农业股份公司海外上市为名，向投资者推销美国现代新农业公司股票。

2004年5月至6月，潘某某、韩某谎称可以帮助陕西某药业公司通过“反向兼并、买壳上市”的操作方式赴美国上市融资，引诱该药业公司股东王某某在美国设立“王氏国际控股公司”，并印制王氏公司股票1000张。2004年7月至10月，潘某某、韩某注册上海晔利投资咨询有限公司和上海炯利投资管理有限公司，设立销售点，采用拨打电话等方式，以每股0.6美元的价格对外出售王氏公司股票。此外，二人还诱骗部分投资人将原先购买的农业公司股票转为王氏公司股票。

截至案发，共有252人购买了王氏公司股票430余万股，涉案金额折合人民币2000余万元，其中大部分被潘某某、韩某二人占有和挥霍。

作案手段

1. 利用外国公司身份，伺机行骗。所谓的美国必得利公司，实际上是潘某某、韩某通过网络找到一家可以代办在美国注册登记公司的中介，仅支付数千余元办理费用，以韩某名义在美国加利福尼亚州设立的空壳公司。其目的就是利用中国投资者对境外金融市场不了解，借机行骗敛财。之后，潘某某授意韩某在上海设立必得利公司代表处，并在上海万航渡路的环球大厦租了三套房子作为办公地点。从上海代表处的工商登记来看，其业务范围是从事有关能源、环保工业、农业、制造业领域的市场调研及业务联络，并不具有经营证券业务资格。

2. 假借海外上市融资，骗取合作。2004 年 5 月，潘某某、韩某经他人介绍结识陕西某药业公司股东王某某。在获悉该公司欲赴海外上市募集资金用于发展后，便起意以该药业公司海外上市为由，通过销售境外公司股票方式实施诈骗。于是，潘某某和韩某一同来到西安，由潘某某以必得利公司执行长名义与药业公司签订综合顾问协议及补充协议，约定由药业公司设立海外公司，并提供海外公司 2000 万股权，由必得利公司以每股 1 元人民币价格负责在境外募集资金，其中 1400 万元归药业公司使用，剩余资金供必得利公司辅导其海外上市使用。

协议签订后，潘某某指使韩某通过他人，支付 1 万余元代办费用，以药业公司股东王某某等 11 人名义在美国加利福尼亚州设立了王氏公司，公司注册股份 5000 万股，由王某某担任公司总裁，韩某任秘书。一个没有实际资金投入的空壳公司就这样诞生了。

2004 年 8 月，药业公司以增资扩股、设立中外合资公司为由，向商务部申请批文。商务部同意药业公司从原 3600 万股（元）增资扩股至 5000 万股（元），由王氏公司以 1400 万元人民币的价格认购增加的 1400 万股，并将药业公司变更为中外合资企业（王氏公司实际并未出资，工商登记实缴资本仍为 3600 万元）。

3. 印制空壳公司股票，公开销售。王氏公司设立后，潘某某、韩某通过他人分两次印制了王氏公司股票共计 1000 张。同时，潘某某虚构王氏公司投资药业公司 1400 万元的事实，夸大必得利公司、王氏公司和药业公司的规模，编造药业公司海外上市模式，制作虚假的“投资价值分析报告”、“战略投资人说明书”等宣传资料，指使张某某、宗某某、孔某某等人招募员工，并对员工进行培训，采用拨打电话等方式，以投资获利周期短、回报率高和承诺回购为诱饵，骗取投资人以每股0.6美元的价格购买王氏公司股票。

4. 承包经营加大激励，疯狂敛财。2004年7月至10月，潘某某、韩某先后以张某某、金某为法定代表人，注册了上海晔利投资咨询有限公司和上海炯利投资管理有限公司，分别以这两家公司名义在多处设立销售点，并以每销售1股提成1.5元人民币的方式承包销售王氏公司股票。潘某某、韩某还以赠送和打折名义，鼓励公司部分员工购买王氏公司股票。

5. 假冒公司股东签名，继续行骗。2004年9月，在必得利公司未按约定支付融资款，并且获悉潘某某、韩某等人在国内非法销售王氏公司股票，做不实宣传后，药业公司股东王某某拒绝在所销售股票上签名、盖章，同时函告必得利公司终止合作关系。

为继续骗取投资人、掩盖罪行，潘某某指使韩某私刻王氏公司的印章，通过扫描、打印方式伪造了王某某的签名，编写英文版投资协议书，继续对外销售王氏公司股票，并通过南京某网络服务公司设立所谓必得利公司境外网页，将投资人姓名和认购数不定期公布在网页上。同时以潘某某个人名义通过福建某律师以10万美元价格购买了在美国证券管理委员会备案，但尚未获准上市的Tuttle公司。2004年12月13日，潘某某、韩某召开新闻发布会，谎称王氏公司和必得利公司成功收购了已在美国OTCBB上市的Tuttle壳公司，并合并为W&B公司，还谎称王氏公司股票将在2005年3月在美国OTCBB上市公开交易。

案件查处

为避免罪行败露，2004年12月末，潘某某、韩某陆续关闭部分销售点，并化名“马振保”、“李淑红”，更换通信工具后离开上海逃往北京。多行不义必自毙。2005年2月20日，因涉嫌集资诈骗罪，潘某某被公安机关刑事拘留。第二天，同案犯韩某也被公安机关抓获。同年3月29日，二人双双被逮捕。张某某、金某等员工因涉嫌非法经营罪也被公安机关拘留、逮捕。

2005年，上海市人民检察院第二分院将潘某某、韩某以集资诈骗罪，张某某、宗某某、金某以非法经营罪提起公诉。法院审理后认为，潘某某和韩某采用连续拨打一个号段电话号码的方式，邀约投资人至销售点后，诱骗他们购买并无价值的股票。出售股票时，对投资人并没有限定范围，其销售股票的行为针对的是不特定的人群，属于向不特定的投资人销售股票，获取资金。因此，潘某某、韩某二人在主观上具备非法占有的目的，客观上采用了诈骗方式，并向不特定的社会公众非法集资，符合集资诈骗罪的犯罪构成特征。2006年8月8日，上海市第二中级人民法院作出一审判决，潘某某、韩某犯集资诈骗罪，分别被判处无期徒刑、没收财产60万元和有期徒刑十五年，没收财产40万元。张某某、宗某某、金某未经国家有关主管部门批准，非法经营证券业务，情节特别严重，均已构成非法经营罪，分别被判处有期徒刑八年、七年和三年，同时分别没收财产8万元、7万元和3万元。潘某某、宗某某、金某不服一审判决，向上海市高级人民法院提起上诉。2006年11月30日，上海市高级人民法院作出终审判决，除将宗某某的刑期从七年改为六年六个月外，对潘某某、金某维持一审判决。

案件警示

民间买卖未上市公司股票或股权证及上市公司未流通的内部职工股的灰色市场，被业内称为股票“一级半市场”，但不被国家法律所认可。它曾经在20世纪90年代中期红火一时，个人投资者、投资咨询机构和券商都曾参与其中。

“一级半市场”的确使少数人一夜暴富，但“地狱”之门同样是敞开的。一些非法中介往往采用虚构高额回报等手段，诱骗不明真相的投资者高价购买非上市公司股权，受骗者往往血本无归。

作为投资者，应从中吸取教训，树立正确的投资观。一是合法投资。国家对股票交易实行严格市场管制，《中华人民共和国证券法》规定：“依法公开发行的股票、公司债券及其他证券，应当在依法设立的证券交易所上市交易或者在国务院批准的其他证券交易场所转让。”购买股票应到正规交易场所，切忌在场外进行黑市交易，以保护自己的合法权益。二是审慎投资。在非法证券交易市场，不法分子往往以回报高、回报快为诱饵进行欺骗，投资者要在心理上设立一道防线，不要被所谓高额回报所蒙蔽，毕竟“天上不会掉馅饼”。三是眼见为实。在购买股票的时候，要注意审查相关公司的经营资质和股票的真实性，对所投资的企业应当有一个全面、准确的了解，切勿盲目投资。

证券市场的新版“带头大哥”

——上海捷昂公司非法经营案

伴随牛市，通过网络迅速蹿红的股市红人“带头大哥777”，最终因非法经营证券业务而落入法网。一个知名度与“带头大哥777”不相上下的上海捷昂投资管理有限公司，其团队运作模式较“带头大哥777”的操作似乎更为“规范”、“全面”，被称为新版的“带头大哥”，其两名合伙人刘某某、杜某某也难以逃脱法律的严惩。

案情简介

24岁的安徽人刘某某的人生阅历简单而平凡，没有良好的证券教育背景，也没有证券投资经营资格。他高中毕业后，曾在安徽电脑学校专修，后又在当地的网络公司及网吧工作。2006年3月，他到上海一家投资咨询公司做业务员至当年年底，并在这家公司认识了比其年长一岁的江西籍男子杜某某。

在投资咨询公司干业务员的经历，让刘某某、杜某某摸清了这类公司的业务模式，先用代客户理财的名义，四处打电话招揽客户，然后按照资金的多少收取一定比例的保证金或者管理费。在他们看来，这门生意简单容易，来钱又快，两个人一拍即合，就决定自立门户，并于2007年3月19日注册成立上海捷昂投资管理有限公司，注册资金为10万元，刘某某任法人代表，杜某某任操作部负责人。

在注册公司的同时，为便于开展业务，刘某某通过某科技公司在互联网上注册成立了“私募大世界”网站，并在该网站上对捷昂公司作虚假证券投资信息宣传，公开招徕投资者。

2007年1月至7月，刘某某、杜某某通过“私募大世界”网站推出了“掘金理财”、“波段王中王”、“实战理财”、“至尊理财”等多种投资理财品种的广告，并以捷昂公司名义先后与全国30个地区600余名投资者签订《委托理财协议书》，共吸引资金1亿多元，获取管理费、投资理财利润分成款共计750多万元，其中刘某某分得180多万元，杜某某分得130多万元。

作案手段

1. 粉墨登场，虚假宣传。表面上捷昂公司有资本10万元，但即使是这区区10万元，他们也并未实际出资，注册公司是通过网络找到一家中介公司代办的，只花了3500元。与此同时，为显示其公司实力，刘某某分别租借上海华融大厦及花旗集团大厦套房作为办公地点，招募了50来个工作人员，对外宣称该公司是“目前华东地区乃至大陆最大的专业私募基地之一，联合国内外八大基金、三大游资，加上操作极度凶悍的团队，着力打造中国私募界的经典品牌”。有股民刚接触时，感觉其专业成熟且可选择服务的空间很大。

2. 建立网站，招徕客户。与“带头大哥777”王某某的长春聚隆科技投资咨询公司的经营范围是信息咨询、计算机软件研究开发相比，捷昂公司成立时，名称就冠以“投资管理”，直奔主题。在注册公司的同时，为便于开展业务，刘某某通过某科技公司在互联网上注册成立了“私募大世界”网站，并通过网站推出了“掘金理财”、“波段王中王”、“实战理财”、“至尊理财”等多种投资理财品种的广告，并以推荐、电话、发帖等手段，将投资者步步拖入陷阱，陷入泥潭。

3. 雁过拔毛，攫取利润。捷昂公司的投资理财主要有两类。一类是推荐股票，收取管理费。如“波段王中王”和“实战理财”、“私募敢死队”等理财产品，由投资者按投入资金量的10%向捷昂公司缴纳管理费后，由捷昂公司通过短信向投资者提供股票资讯，一般期限为3个月。另一类是代为操盘，利润分成。如“掘金理财”和“至尊理财”等理财产品，投资者将其股东账户、密码提供给捷昂公司，由公司操作部的操盘手直接代客户买卖股票，客户除先期缴纳资金量的10%作为委托理财的预付报酬外，如在约定期限获利10%以上，公司与客户要按照3:7或2:8的比例进行利润分成。

通过上述手段，在短短的7个月中，捷昂公司共攫取管理费、投资理财利润分成款共计750多万元，均被刘某某、杜某某等瓜分。

案件查处

随着投资者的损失面不断扩大，捷昂公司华丽的外衣很快被识破。2007年8月，有关监管部门在掌握了上海捷昂投资管理有限公司的违法证据之后，将案件移交到公安部门。8月9日，上海市公安机关以涉嫌非法经营罪对上海捷昂投资管理有限公司立案侦查，并于8月22日和8月28日分别将杜某某、刘某某刑事拘留。2007年9月28日，经检察院批准，刘某某和杜某某被正式逮捕。

2008年1月25日，上海市人民检察院第二分院将刘某某、杜某某以非法经营罪向上海市第二中级人民法院提起公诉。法院审理后认为，刘某某、杜某某在明知未经国家有关主管部门批准，不具备证券投资咨询资格的情况下，从事非法经营证券业务，扰乱市场秩序，其行为特别严重，已构成非法经营罪，依法应予惩处。2008年5月28日，刘某某、杜某某犯非法经营罪，分别被判处有期徒刑七年六个月和七年，并处以罚金200万元和150万元，相应的违法所得被追缴。

案件警示

近年来，随着中国经济快速发展带来的百姓理财投资热潮，针对普通百姓的非法集资案件也呈多发态势，并出现了以网络为载体，以投资、股票、基金等百姓新型理财方式为主要目标的新型犯罪手段。当自诩为“股民保护神”的“带头大哥777”王某某，以网络炒股博客为载体进行非法经营的“暴富神话”彻底破灭，受害股民超过900人，涉案金额达上千万元的案件余波未了时，操作似乎更为“专业、规范、全面”，涉案金额更大的捷昂公司案件又呈现在公众面前。

虽然中国股市走过了二十多个年头，但广大中小投资者仍缺乏在股市搏杀的经验，寄希望于专业机构的帮助来把握投资获利的机会。捷昂公司正是瞄准了投资者的这种心态，通过“私募大世界”网站承诺的高回报、低风险，确实打动了不少小散户。

《中华人民共和国证券法》规定：“投资咨询机构、财务顾问机构、资信评级机构、资产评估机构、会计师事务所从事证券服务业务，必须经国务院证券监督管理机构和有关主管部门批准。”虽然国家有关部门加大了对非法发行股票和非法经营证券业务的打击力度，但在利益的诱惑下，各类非法经营证券业务的乱象仍层出不穷。投资者需要擦亮眼睛，既不要迷信网上的传言和小道消息，也不要轻易相信私募基金的发财神话，学会如何不被所谓的高回报所诱惑。

第七章
涉及医疗保健类非法集资

随着生活水平的不断提高，人们对自身健康越来越重视，以医疗保健为名的非法集资活动也层出不穷。这类集资活动主要以老年人为诈骗对象，打着“关爱老人健康”、“倡导绿色、健康消费”等旗号，采用免费保健、免费体检、免费旅游等方式吸引广大中老年人的注意和参与，再以贴身关怀、嘘寒问暖等手段引诱老年人购买保健仪器、保健药品等进行所谓的投资，达到一定规模后，便携款潜逃，让老年人多年的积蓄化为乌有。

本章收录了六篇以医疗保健为名的非法集资案例，在此，提醒广大中老年朋友吸取教训，切莫被所谓的关爱所迷惑。

梦断“加盟经营”

——四川加加公司集资诈骗案

“加盟经营”带给投资客户的，既不是股东的荣誉，更没有高额的回报，而是圈钱梦幻的破灭。

案情简介

2004 年 12 月，陈某等人通过谋划成立四川加加连锁投资有限公司，经营商品批发、零售等业务。2005 年 3 月，他们正式开始实施圈钱计划：在没有真实资金投入的情况下，响亮地打出了“整合成都市保健品市场”的口号，虚构公司投资拍摄电视剧、开发矿山、上市的事实，虚假宣传连锁超市利润大、回报高，采取“加盟经营”的方式，与投资客户签订开办协议，约定合作到期后优先收购或转让股份，还可获取高额回报，在成都、德阳、绵阳等地进行非法集资诈骗活动。随后，陈某伙同公司总经理王某、副总经理兼客户资源部总监王某甲，在无真实资金投入的情况下，招募业务员到菜市场、公园等公共场所，主攻中老年人。公司业务员向客户大肆宣传保健品连锁超市经营模式，并隐瞒公司一直亏损的真相，在多个地区全面开展非法集资诈骗活动。

加加公司部门经理或主管仲某等 11 人，通过种种迹象获知公司并未真实投资开发矿山，他们心中清楚，客户的投资不可能有公司许诺的高回报、高利润。在这种情况下，仲某等 11 人仍在陈某、王某和王某甲的授意下，竭力诱骗客户投入资金。

到 2007 年 4 月案发时止，陈某等 14 人共非法集资诈骗 8600 余万元，仅报案的受害群众就多达 2711 人，无法返还数额高达 6700 余万元。

作案手段

1. 虚假出资，高利诱惑。加加公司注册资金 200 万元，以及个人所占股份均是虚假出资。为欺骗投资客户，公司与投资客户签订开办协议，约定合作到期后除优先收购或转让投资客户股份外，还可获取年息 12% ~24% 不等的高额回报并且三年返还本金，加加公司就是这样以高额的利益吸引投资客户。

2. 选点行骗，游乐送礼。首先，选择陈旧小区、老年人比较集中的地方下手，不定时开展免费活动。其次，以“公司信誉度好，销量好”为由，召集中老年人到农家乐免费游玩，发放小礼品，采取“一对一”服务方式，针对不同性格的客户采取不同的应对措施，诱骗更多投资客户参与集资。

3. 虚假宣传，高薪聚财。加加公司制作投资拍摄 25 集电视剧《日落之前爱上你》的宣传海报，纯属虚假广告；陈某称欲打造全国最大保健品连锁超市、中国保健品航母，公司三分之一员工为残疾人和下岗失业人员也是虚假宣传。另外，公司只支付业务员少量的车旅费，高额提成为业务员的主要收入，公司每位业务员每天的工作就是在农家乐或社区对老年人进行游说，说服老人们掏钱购股，以获取提成收入。

案件查处

2007 年 6 月 27 日，陈某因涉嫌非法吸收公众存款罪被公安机关刑事拘留，同年 8 月 2 日被逮捕。其余同案犯相继落网。

法院认为：陈某等 14 人以非法占有为目的，使用诈骗方法非法集资，犯罪数额特别巨大，其行为均已构成集资诈骗罪，应予严惩。在该案中，陈某、王某和王某甲三人作为加加公司的负责人和高级管理人员，为了非法占有集资款，积极策划、组织并实施犯罪活动，系主犯，仲某等 11 人作为部门经理或主管，受陈某等人的领导，直接实施了虚假宣传和骗取客户资金的行为，在共同犯罪中起次要作用，系从犯。

2009 年 5 月 20 日，成都市中级人民法院对该案作出一审判决，陈某犯集资诈骗罪，判处无期徒刑，并处没收个人全部财产；王某、王某甲因集资诈骗罪分获有期徒刑十五年、十三年，并处没收个人全部财产；仲某等 11 人分别被判处九年至三年不等的有期徒刑，并处 20 万元至 5 万元不等的罚金。2009 年 9 月 14 日，四川省高级人民法院终审裁定驳回上诉，维持原判。

案件警示

非法集资活动之所以屡禁不止，原因在于高额回报的诱惑和不法分子的高超骗术，以及普通百姓风险意识的欠缺和投资渠道的受限。四川加加公司主要是利用中老年人对保健品的青睐，采取虚假宣传的手段，并施以小恩小惠，诱骗投资客户上当受骗。加加公司员工为追求高额薪酬，也对非法集资诈骗起到了推波助澜的作用。我们在提醒警惕诱惑的同时，也告诫那些助纣为虐的公司员工们：为一己私利触犯法律，必将受到法律的制裁！

虫草劫

——四川成都康福贝尔公司集资诈骗案

西南重镇成都市，同一批人员，不断变换方式成立空壳公司，以投资销售虫草系列保健品能获得高额回报为诱饵，有针对性地诱骗中老年人上当受骗，制造了一起轰动一时的集资诈骗案。

案情简介

2003 年 8 月，许某某、陈某某、何某某等人，采取虚假出资的手段成立了康福贝尔生物科技有限公司，其中许某某任该公司法定代表人、总经理，统管公司的全面经营活动，陈某某任副总经理，李某某负责公司员工培训、行政事务管理和对外宣传等工作。康福贝尔公司成立后，许某某、陈某某等人以康福贝尔公司的名义，通过在居民小区、商业广场等地散发宣传资料，组织客户联谊会和各种免费活动等方式，对外宣称康福贝尔公司能培植优质虫草和生产虫草系列产品，客户投资合作销售该公司产品每年可获约占投资额 30% 的红利，投资购买的产品可委托该公司代管，也可自行提货销售，协议到期后将退还投资本金，未销售完产品可按原提货价退货，以此吸引客户与该公司签订《产品购销合作协议》和《认购产品托管书》。康福贝尔公司各分部也采用相同方式吸引客户投资，各分部负责人及业务员按不同比例提取佣金。

康福贝尔公司通过以上方式与客户签订相关协议后，将收取的客户资金部分用于偿付前期客户的本金、分红，其余资金主要用于支付各被告人的佣金、工资和报销各种费用。截至案发，康福贝尔公司共有集资户 571 户，集资额 669 万元，扣除支付给集资户的红利和集资户领取产品的金额后，集资金额共计 526 万元。

因康福贝尔公司经营后期新增集资客户逐渐减少，公司难以按原有模式继续经营运作。2004 年 3 月，陈某某等人商议，另行成立贝德公司承接康福贝尔公司业务和客户，并开展新的集资活动。同月23日，通过虚假出资、虚列出资股东成立贝德公司，陈某某任该公司法定代表人、总经理。2004年4月7日，许某某、陈某某分别代表康福贝尔公司和贝德公司签订两公司交接协议，贝德公司对外宣称承接原康福贝尔公司的资产、人员和债权债务，并继续从事集资活动。2004年10月，因贝德公司已无法按约定偿付客户集资本金和红利，该公司又与客户签订补充协议以延长还款期限。

截至案发，贝德公司尚有未返本退单的集资户共2176户，集资金额3011万元，扣除已付客户领取产品的金额，实际获取客户资金2572万元。

作案手段

1. 利用空壳公司进行非法集资。为了欺骗投资者，原广东健特生物科技公司成都分部人员何某某和许某某等人另起炉灶，采取虚假出资手段，成立成都康福贝尔生物科技有限公司，接手成都健特公司业务，继续进行虫草系列保健品销售，让集资户到康福贝尔公司投资。集资主要针对中老年人，通过各种免费活动等形式，向集资对象散发宣传资料，对外虚假宣传康福贝尔公司实力，获取信任，大肆进行集资活动。

2. 以返利分红做诱饵欺骗投资者。各公司均宣称能培植虫草并能生产虫草系列保健品，产品性能超过野生虫草。投资该公司产品一年内获取年利30%以上，产品可委托该公司代为保管，也可提货销售，到期后即退还本金，未售完可退货，以此吸引投资者。

3. 设立所谓“监事会”，为虎作伥。为进一步获取集资人信任，康福贝尔公司还以对该公司经营活动及财务收支进行监管为名成立客户监事会，由曾为集资客户的陈某甲、涂某某分别担任客户监事会主席和副主席。二人在并未对康福贝尔公司的经营、财务状况进行任何监督的情况下，根据康福贝尔公司授意，以集资客户和公司监事会工作人员的身份向其他客户宣传康福贝尔公司是有实力的公司，客户监事会要对公司的资金使用进行监管，并对公司财务状况很了解，客户到该公司投资，本金安全且分红有保证。

案件查处

2004年10月，因集资户发现不能如约取回本金和红利，有人打算向有关部门和公安机关报案，但贝德公司极力阻止。为蒙蔽集资户，贝德公司与集资户签订补充协议取代原来协议，延长退还本金时间。到2005年初，部分群众向公安机关报案。案发后，陈某某等八名被告先后落网。

2007年2月9日，四川省成都市中级人民法院作出一审判决。主犯陈某某、李某某犯集资诈骗罪分别判处死缓、无期徒刑，并没收个人全部财产；许某某及刘某某等以集资诈骗罪被判处九年至十五年不等的有期徒刑，并处罚金。宣判后，陈某某服判不上诉，李某某等被告不服一审判决提出上诉。2007年8月8日，四川省高级人民法院作出终审判决，对被告人陈某某、许某某、刘某某维持原判，分别判处死刑缓期二年执行、十三年六个月、十一年六个月不等的徒刑，并处没收财产或罚金，对李某某等人依据情节进行了改判。

案件警示

1. 谨防对中老年人的诈骗术。现实生活中，老年人辛苦一辈子存点钱不容易，也确有一部分老年人想通过较为稳妥的投资来增加积蓄，确保自己老有所靠，但往往事与愿违。不法分子正是抓住老年人想获得高额回报、急于求成等心理，精心设计一连串的骗局，结果使众多老年人捡了芝麻，丢了西瓜，有的还将积攒了一辈子的血汗钱、养老钱全拿出来投资，结果是血本无归，生活无着，儿女埋怨，极易诱发社会不安定因素，影响社会和谐稳定。

2. 盲目追求高额回报不是生财之道。本案中康福贝尔公司采用投资销售虫草系列保健品的经营模式进行虚假宣传吸引客户投资，谎称投资回报率30%以上，让许多人踏上了投资创富、血本无归的不归路。敬告广大善良的人们切莫追求无厘头的高额回报，存钱不易，理财更需谨慎！

谁抹黑了“香格里拉”

——山东郭某某集资诈骗案

不吸取教训，反而重操旧业，变本加厉，通过各种非法手段疯狂敛财，但“天网恢恢，疏而不漏”，郭某某最终难逃法律的严惩。

案情简介

身为山东金藏煌药业集团股份有限公司总经理、乐陵新大地生物开发有限公司董事长的郭某某，曾因涉嫌非法传销和非法吸收公众存款，分别被工商部门和公安机关立案侦查。但他并没有吸取教训，反而重操旧业，变本加厉，通过各种非法手段疯狂敛财。

2007 年 5 月，还处在取保候审期间的郭某某，注册成立了淄博香格里拉生物科技有限公司，并在云南昆明、甘肃兰州等地设立分公司、推广站，招募工作人员，建立了组织严密的传销网络。2007 年 6 月至 2008 年 3 月，香格里拉公司以销售金藏煌系列保健品为名，发展“员工”收取门槛费，共计获利 154 万元。

同期，香格里拉公司宣称将投资开发香格里拉花山水库、温泉度假酒店、温泉生态园，与投资者签订标的名称为“新产品”的虚假《工业品买卖合同》，通过其传销网络，向社会不特定对象募集资金 5327 万元，至案发仍有 1769 万元到期投资款无法偿还。

另外，在 2008 年 1 月至 3 月，香格里拉公司谎称金藏煌药业集团股份有限公司将在美国上市，以出具股权确认函的方式，以每股 2.8 元的价格，通过各地推广站，共计向 178 人销售金藏煌药业集团股份有限公司原始股总金额达 383 万元。

作案手段

1. 逃避打击，注册空壳公司，重建传销网络。2007 年 3 月，新大地生物开发有限公司因涉嫌非法吸收公众存款被公安机关立案查处，486 万元被扣押，由于资金链受到影响，无法兑付原有集资款，郭某某想到了吸纳新的资金还旧账的“妙计”，于是采取虚假出资和抽逃出资等手段，在山东淄博注册成立了香格里拉生物科技有限公司，以销售金藏煌系列保健品、发展“员工”为名，收取门槛费，传销商品。

公司成立后，郭某某组织和指挥王某某、郝某某等人相继在云南昆明市和甘肃兰州市设立了两个分公司，重新建立了一个辐射全国 12 个省、拥有 51 个推广站和 3143 名传销人员的庞大传销网络。该传销组织将全国划分成若干片区，由公司副总经理、市场部长等人分别负责。各个片区又设区域经理若干，主要负责产品推广及发展推广站。推广站设站长与负责人各一名，主要负责发展“员工”即传销人员。为逃避监管，郭某某为传销组织制定了严格的业务流程，规定传销人员首先要将购买传销商品的货款交各推广站站长手中，再由站长自行扣除店补后，集中汇入郭某某利用李某某、徐某某等员工个人身份证办理的私人账户。

2. 虚构项目，签订虚假合同，大肆募集资金。保健品的传销并没有给郭某某带来大量资金。为加快资金募集速度，郭某某编制了公司将投资 8500 万元与淄博某水处理公司合作开发水库水厂、温泉假日酒店、温泉生态园，与淄博高新区合作建设全国规模最大的藏医院的计划书，并宣称到 2010 年可实现销售利润 3600 万元。以此为名，他让各推广站推销所谓新产品订购销售模式，与投资者签订标的名称为“新产品”的虚假《工业品买卖合同》募集资金。该“合同”向公众承诺，投资者可分期（每十天为一期）拿到 18% 的“违约金”（后改为 17%），三个月期满返本。投资者如到期后不愿撤出投资即可续约，各推广站也能享有“新产品”订购销售业绩 7% 的提成。

通过上述方式，香格里拉公司向社会不特定对象募集资金 5327 万元。这些资金进入郭某某指定的个人账户后，部分用于返还投资者的本金及利息，部分被用于支付香格里拉公司运作开支及填补新大地公司的欠款。

实际上，淄博某水处理公司曾与香格里拉公司达成开发温泉的合作意向，后因其投资不到位而终止，除此之外没有任何其他项目合作，与淄博高新区的合作项目也是子虚乌有。

3. 谎称上市，欺诈发行股票，骗取公众钱财。为达到不给投资群众返还本金及利息的目的，郭某某又抛出了一个诱饵，通知各推广站对外宣传：香格里拉生物科技有限公司要向社会发行金藏煌药业集团股份有限公司的原始股，要求原“新产品”购买者以每股 2.8 元的价格申购股权，并公开承诺金藏煌公司在美国上市后，购买者即可获得每股 3 美元的回报。各推广站此后共计向 178 人销售金藏煌药业集团股份有限公司原始股，总金额达 383 万余元。为提高推广站积极性，郭某某规定推广站享有购买股票业绩每股 0.2 元的提成、“新产品”订购转股每股 0.1 元的提成。

案件查处

郭某某及其公司的违法经营行为，早已引起了公安机关和相关职能部门的注意。由于涉案人员众多、地域广、金额大，当地公安部门抽调精干力量组成专案组开展侦查，甘肃省公安厅将此案列为督办案件。2008 年 3 月 8 日，因涉嫌非法经营罪，郭某某被甘肃省白银市公安局刑事拘留，同年 4 月 14 日被逮捕。2008 年 6 月 23 日，公安部将此案列为督办案件。

白银市中级人民法院审理认为，郭某某在取保候审期间注册成立公司，组织和指挥王某某、郝某某等人，以销售保健品为名，采取“拉人头”获取提成，要求被发展人员交纳门槛费，继续发展下线再牟取非法利益等方式，发展 3000 余名群众参与此项非法经营活动，数额达 154 万元，其行为构成非法经营罪。郭某某组织、实施非法传销活动的同时，又虚构其公司有多项建设项目以及所吸取资金的用途，夸大公司的经营能力和经营范围，隐瞒该公司根本无力偿还社会公众投资款及其利息能力的真相，指使王某某、郝某某等向社会公众作虚假宣传，采取承诺高回报，签订虚假“订购新产品”合同的方式，欺骗群众投资 5327 万元，给群众造成 1769 万元的损失，其行为构成集资诈骗罪。郭某某虚构金藏煌药业集团股份有限公司在美国上市的事实，以金藏煌药业集团股份有限公司向社会发行“原始股”的名义，授意王某某、郝某某等人向不特定社会公众进行虚假宣传，诱骗公众购买所谓的“原始股”，金额 383 万元，此款全部打入郭某某指定的账户，其行为构成集资诈骗罪。

2010年6月21日，白银市中级人民法院作出一审判决：郭某某犯集资诈骗罪，判处无期徒刑，剥夺政治权利终身，并处没收个人全部财产；犯非法经营罪，判处有期徒刑八年，并处罚金160万元；决定执行无期徒刑，剥夺政治权利终身，并处没收个人全部财产。郭某某不服一审判决，提起上诉。2010年12月24日，甘肃省高级人民法院作出终审裁定，驳回上诉，维持原判。其他涉案人员也受到相应惩罚。

案件警示

郭某某犯罪团伙，先是以传销模式推销保健品，获取利润。在资金链断裂后，再使出“产品定销”和“发行股票”等招式“拆东墙补西墙”，用今天集资的钱还昨天的债，最终形成资金“黑洞”。“高额回报”这个诱饵，是非法集资者屡试不爽的“绝招”。在高额回报的“钱景”面前，许多人将自己的血汗钱投进了所谓的“项目”。结果，等待投资人的不是高额回报，而是集资款化为乌有的消息。

郭某某案的受骗人80%以上都是老年人。其他相同的案件中，老年人几乎无一例外地成为了主角。老年人为保障自己晚年的生活，手中总会留一些“压箱底”的钱，而这些养老钱如今却成了骗子们眼中的“唐僧肉”。各种套钱圈钱陷阱，盯上了老年人的积蓄。老年人上当受骗主要有两个因素：非法集资的高额回报和假冒伪劣产品夸大的疗效。老年人对新型犯罪形式和诈骗手段缺乏了解，再加上这类诈骗案的犯罪手段非常隐蔽，老年人在未完全了解投资对象的情况下易轻信劝诱。此外，我国养老体制还不尽完善，老年人希望自己有限的养老金保值增值，为生活提供保障，犯罪分子以高额回报为诱饵，老年人自然容易上当受骗。

“销售返租”的陷阱

——新疆 HBL 公司集资诈骗案

乌鲁木齐突然出现多家营业网点，除向老年人出售气血循环机外，还可以将气血循环机回租给营业网点，获取 30% ~40% 的红利，这种售后返租的作案手法，使一些渴望致富的老人掉进了气血循环机和租金两失的陷阱。

案情简介

2005 年 9 月 26 日，马某某注册成立了 HBL 科技有限公司，购买了 100 余台气血循环机，聘用业务人员到人群聚集地，通过发放宣传单、做广告、定期举办宣传联谊会等方式，吸引老年人进行免费体验，并当场以返还 30% ~ 40% 红利为诱饵，按每台 1500 ~ 1680 元的价格出售气血循环机，然后再以每台每月 80 ~ 120 元的租金将售出的气血循环机进行回租。通过此种方式，HBL 公司在只有 100 余台气血循环机现货的情况下，共收取了 1153 台的货款。拖欠货款加上拖欠租金等，使客户蒙受了 5200 余万元的巨大损失。案发后，公安机关仅追缴赃款 120 余万元。

作案手段

1. 挖空心思，玩弄花样。马某某发财欲望强烈，一直以来挖空心思地想做一番大事业，后经朋友介绍认识了黄某某、梁某某、陈某某等人，于是几人合伙策划出了一个利用气血循环机，将销售和返租巧妙地结合起来的发财计划，编织了一个敛财的大网。

2. 高额返利，请君入瓮。为达到双重敛财的目的，HBL 公司先是向老年人提供场所进行免费体验，并利用免费体验的机会，夸大机器功效，接着以降价销售为诱饵，吸引老年人购买气血循环机。一些老年人或经不住降价诱惑，或长期免费进行体验，心中不免怀有内疚的心理等，纷纷购买了气血循环机。气血循环机售出后，HBL 公司又以提高气血循环机使用率和高额租金回报为名，通过说服，使购买者将气血循环机返租给 HBL 公司。

3. 遍地设点，发展下线。HBL 公司先后在乌鲁木齐市设立了多家营业网点，雇佣员工，在早市、广场、车站等人员聚集区进行宣传，同时先期履行承诺，进而利用获利者作“活广告”扩大影响。HBL 公司对员工按照业绩进行考核，将收入直接与业绩挂钩，并通过先期录用员工之口，许以提成，介绍更多的人员加入公司员工的行列。通过以上措施，不断扩大吸收资金规模，诱使大量群众上当受骗。

4. 虚张声势，夸大宣传。为迷惑投资人，显示公司“实力”，HBL 公司租赁豪华写字楼作为办公地点，并在办公场所张贴公司章程、产品宣传画、工作流程图等，还给自己的犯罪活动制作一个“精美”的商业计划，使得很多受害人难以发现自己上当受骗，有的人在司法机关介入此案处置后，才从发财美梦中惊醒。

案件查处

2007年9月30日，HBL公司已难以为继，无法给付投资人收益，于是马某某等人集体潜逃。2007年10月5日，公安机关陆续接到HBL公司受害人报案，至此一场骗局才被揭穿。

2010年5月25日，乌鲁木齐市人民法院对马某某一伙10人，以非法占有为目的，采用编造谎言、捏造或隐瞒真相的方法骗取被害人5207万元资金的犯罪行为作出判决，以集资诈骗罪判处马某某等10人有期徒刑十五年至五年不等，并处以罚金。此外，该案第二批15名犯罪嫌疑人也已被移送至检察机关审查起诉。

案件警示

此案件专门针对老年人群，在提供免费体验的同时，销售并返租保健产品。这种做法抓住老年人追求健康的心理，也吸引了一些贪小便宜的群众，导致大量受害人血本无归。敬告广大老年朋友们遇到此类情况，一定要多和家人朋友商量，并对公司经营运作情况等进行深入调查分析，提高判断力，增强自我保护意识。

欺骗同族的“高手”

——新疆阿瓦提恩维尔公司集资诈骗案

利用朋友、亲戚、同乡和同族这张关系大网，把众多维吾尔族群众套进陷阱，一起损失高达2000多万元的大案，就这样被制造出来。

只要在我这里投资，我就给大家20%的高额回报。

案情简介

新疆是我国重要的棉花生产基地，阿瓦提县是新疆一个产棉大县，随着党的富民政策的落实，老百姓生活逐渐富裕。2001 年 10 月，艾某某投资开办了“天狮”保健品专卖店，自 2002 年 4 月起，开始以高额利息和物品奖励为诱饵非法集资100多万元。尝到甜头的艾某某不满足现状，为了把“事业”做大，让更多人相信他的“经济实力”，2005年1月，他用骗取来的集资款注册成立了恩维尔有限责任公司，自任经理，并在阿瓦提县设立了办事处，以高额返利和派发“天狮”保健品为诱饵向社会公众非法吸纳资金，先后骗取833人的集资款3061万元。由于该公司财务管理混乱，加之犯罪人挥霍浪费，至案发日集资款损失高达2254万元。由于涉案金额大，集资人群多为少数民族，处置难度大，给当地的民族团结和社会稳定造成了不利的影响。

作案手段

1. 承诺高额回报，引诱投资。民间资金有很强的逐利性，艾某某正是利用一些人梦想快速致富的心理，承诺给予投资人20%的高额回报，并按期向投资人支付高额利息获取了信任，在短短几年时间里，骗取集资款达3000多万元。

2. 利用投资人“抱团”心理，骗取信任。本案中参与集资的800余人均为维吾尔族，年龄最大的70多岁，最小的只有20岁左右。文化层次不同，有国家干部，也有农牧民。这些人认为朋友、亲戚、同乡和同族的关系可靠，听信了艾某某的谎言，对艾某某等人十分信任，艾某某正是利用这种“抱团”心理，不断扩大集资范围。

3. 异地开办公司，制造陷阱。艾某某了解和掌握人们“拜富”的心理，在乌鲁木齐市注册成立了公司，挥霍投资人的集资款用于购买轿车以及服装等，把自己包装成为“成功人士”，然后到阿瓦提县宣传自己的赚钱经历和集资理由。阿瓦提县城和农村地理位置偏僻，环境相对闭塞，大家对各种信息的了解也相对滞后，极易被犯罪分子的“华丽包装”和“美丽谎言”迷惑。

4. 混乱账目，逃避查处。艾某某等人为了逃避查处，在向集资人出具的借条、收据等收款凭据上，只是用手工简单记载集资的时间、金额和经手人等内容，支取钱款时也不办理任何手续，使得公安机关在查处中难以及时、准确地查清全案，以至于会计师事务所利用一年的时间才将恩维尔公司的集资款项审计清楚。

案件查处

自2007年5月13日起，陆续有近百名群众到阿瓦提县公安局报案，状告恩维尔公司骗取民众钱财。2009 年 2 月，阿克苏地区中级人民法院以集资诈骗罪判处艾某某死刑，缓期二年执行，没收全部财产；其他被告人分别被判处无期徒刑或有期徒刑。被告人不服，上诉至自治区高级人民法院，2009 年 6 月，自治区高级人民法院做出二审判决，驳回上诉，维持原判。

案件警示

国家对股权、债券等各类金融产品和房产、林业等其他资产类投资都有明确规定和要求，对参与企业经营投资也有程序上的规定。从恩维尔非法集资案件我们可以看出，受骗群众无法获得足够的信息正确判断企业融资行为的合法性，轻易相信犯罪分子编造的高额回报陷阱，暴露出受骗群众金融知识欠缺，对非法集资的危害性认识不足，法律意识和风险意识淡薄，这是导致这起非法集资案件的主要原因。同时，受骗群众由于同乡、同族身份，轻易相信犯罪分子编造的高额回报落入谎言陷阱。敬告广大投资者，切忌盲目跟风，避免上当受骗。

“美丽”的谎言

——辽宁沈阳赵某某、冯某某集资诈骗案

自称获得“诺贝尔奖”的高科技保健品，占地百余亩、投资数千万元的度假村，打着生态旗号的养老院，这些，不过是赵某某、冯某某精心编造的一个又一个“美丽”的谎言……

案情简介

2007 年 2 月至 3 月间，沈阳市谦政商贸有限公司法定代表人赵某某和沈阳市谦政商贸有限公司经理冯某某谎称公司正在筹建养老院需要资金，并制订市场销售方案，以购酒返利、给付高回报、承诺每周返本金和利息为诱饵，向社会公众集资 288 万元，至案发尚有 221 万元无法归还。

作案手段

1. “高科技产品”吸引眼球。在谦政商贸公司的网页上可以看到，其标榜主要经营保健品、营养品、名酒系列等一些高科技产品，诸如“男士神力酒”、“中国龙酒”，还有“叙情叙旧酒”，令人贻笑大方的是，其还宣称产品为“诺贝尔奖产品”。

2. 豪华度假村“彰显实力”。赵某某、冯某某租用大东区津桥路 2 甲号、铁西区东环国际花园 6 号楼作为办公楼。还找来兄弟单位加盟，号称正在开发“沈阳谦政度假村”，占地面积 150 亩，投资 5000 万元。

3. “生态养老院”深挖陷阱。赵某某、冯某某以虚构的公司办公大楼图片和谦政商贸生态养老院简介为主要内容，制作宣传画册向社会公众发放，谎称公司正在筹建养老院需要资金，并制订市场销售方案，一步步将不明真相的社会公众诱骗到非法集资的陷阱内。

案件查处

2007 年 6 月，赵某某、冯某某因涉嫌犯集资诈骗罪被刑事拘留，其后被逮捕。辽宁省沈阳市人民检察院以集资诈骗罪对赵某某、冯某某提起公诉。2008 年 11 月 19 日，辽宁省沈阳市中级人民法院对此案进行了审理，法院根据证人证言，被害人陈述及赵某某、冯某某的供述以及与本案相关书证等证据认定了赵某某、冯某某的犯罪事实，并依照《中华人民共和国刑法》，认定赵某某犯集资诈骗罪，判处有期徒刑十三年，并处罚金 30 万元；冯某某犯集资诈骗罪，判处有期徒刑十三年，并处罚金 30 万元。

宣判后，赵某某、冯某某不服，提出上诉。2009 年 2 月 27 日，辽宁省高级人民法院裁定驳回上诉，维持原判。

案件警示

该案犯罪分子之所以能得逞，主要原因是：首先，注册合法公司骗取投资人的信任。赵某某、冯某某在实施诈骗前，租借豪华办公楼，注册合法公司，取得工商营业执照，为其非法活动披上了“合法”外衣。其次，以诚信企业、慈善事业为幌子麻痹群众。其中有缺乏法律观念和理性心态，易受犯罪嫌疑人蛊惑的参与者，也有少数人明知是投资陷阱，仍抱着侥幸、赌博心理，冒险参与。广大人民群众应通过学习法律知识，认识集资类犯罪的严重危害性，识破非法集资者的欺骗伎俩，增强识假防骗的意识和能力。

第八章
涉及网络类非法集资

如今，互联网与我们的生活密不可分，给我们的工作和生活带来了极大的便利。但是也有一些不法分子利用网络这个虚拟空间，假借高科技、电子商务的名义，炒作电子黄金、私募基金、投资外汇等概念来欺骗群众。不法分子通常利用网络虚拟空间将网站设在异地或租用境外服务器设立网站，传播虚拟项目，宣称从事高收益投资项目，投资者只需投入小额资金即可获得高额回报，不法分子在短期内募集到资金后便携款消失。此类集资活动整个过程全网络化，广告宣传在网络上进行，资金往来也依靠电子转账和网上支付，与传统集资方式相比，更具欺骗性、隐蔽性和跨地域性。

本章收录了六篇以网络为载体开展非法集资的案例，希望公众能够提高防范意识，谨防落入不法分子设计的圈套。

受害者蜕变

——山西众奥公司非法吸收公众存款案

一位曾经是非法集资案的受害者，没有从中吸取教训，从此远离非法集资，反而对非法集资做法加以效仿和创新，由受害者蜕变为加害者，等待他的，只能是在铁窗里度过余生……

案情简介

2006年6月，陈某、张某某注册成立了山西众奥电子商务有限公司，陈某任法人代表、总经理，张某某任副总经理、财务总监。为达到敛财的目的，陈某等人向社会承诺，只要交纳50元卡费就可以成为众奥公司会员，并以此吸引客户通过买单投资获取高额回报。具体做法是每位会员最多可购买10单，每单298元，每10天返还本金三分之一，30天返还全部本金，40天在返还全部本金的基础上再返85%利息，如此每单连本带利可获利553元，另外还可以按购买单数获取相应的电器或生活用品的奖励。

同年11月，陈某等人在忻州市七个区县组建了78个特许加盟配送站，发展的会员多达5300余人。另外，众奥公司还在省内忻州、吕梁、晋中等地及省外辽宁、河北等地分别设立了特许加盟站。到案发时，陈某等人非法集资3.95亿元，转出或返还会员资金3.9亿元。

同年12月，陈某与张某某等人在众奥公司没有新会员投资且无法返还所承诺的利息和本金的情况下，将所控制的500余万元分赃后潜逃，直接造成众奥公司和及其忻州服务中心投单的586名会员近450万元的损失。

作案手段

1. 虚假宣传，旧瓶装新酒。陈某、张某某等人的做法并没有新意。为达到诈骗的目的，陈某、张某某等人钻广大群众对电子商务知之甚少的空子，虚构了上海市众奥电子商务有限公司及其电子商务业务，并成立了众奥公司，宣称该公司是山西省第一家在电子领域内取得合法经营资格的电子商务公司，主营业务为网上购物、电子商务，在山西、秦皇岛等地投资有多家大型铁矿和超市，大肆宣传该公司业务稳定，利润惊人，投资人加盟可定期返还高额利润，使投资者队伍迅速扩大。

2. 暴利诱惑，空手套白狼。众奥公司把购买产品叫做报单，每单定价 298 元，如购买一件 1192 元的床单相当于购买 4 单，而购买一台 89400 元的冰箱相当于购买 300 单，报单一个月后，由公司返还本金，再过 40 天，返还本金 85% 的利润，买的产品越贵，返还的利润就越高。为了打消投资人的顾虑，吸引更多会员加入，众奥公司还精心制作了精美的会员卡，规定每个人凭身份证一次最多只能买 10 单，像模像样地签订买卖协议，引诱一些投资人参与，从中得到实惠，然后再通过他们的现身说法，吸引更多的投资人参与，达到维持资金链条运转的目的。

案件查处

2006 年 12 月 16 日，陈某等人因涉嫌非法吸收公众存款罪被太原市公安局刑事拘留。2007 年 1 月 15 日，经太原市人民检察院批准，陈某等人被依法逮捕。2008 年 1 月和 12 月，山西省太原市中级人民法院分别对陈某等人以非法占有为目的，使用虚构事实，隐瞒真相的诈骗方法，以高额利息为诱饵进行集资诈骗的行为作出判决，以集资诈骗罪判处陈某无期徒刑，处罚金 10 万元；判处张某某及相关责任人有期徒刑十五年至五年不等，罚金 10 万元至 2 万元不等。陈某等人不服判决提出上诉，山西省高级人民法院驳回上诉，维持原判。

案件警示

电子商务是指利用互联网为工具，使买卖双方不谋面进行的各种商业活动和贸易活动，实现消费者网上购物、商户之间网上交易和在线电子支付以及各种商务活动、交易活动、金融活动的一种新型商业运营模式。随着我国电子商务的发展，打着电子商务旗号的非法集资活动也不断出现。

众奥公司打着电子商务的旗号，实际上仍然没有摆脱用后面参与者的投资款偿还前一批加入者的本金和利润的古老的庞氏骗局手法。令人讽刺的是，想出这些招数的陈某，并不是一个诈骗老手，恰恰相反，他自己就曾经在大庆和杭州被人用同样的手段欺骗过。陈某意识到这是个巨大的骗局，同时也是快速敛财的绝佳手段，于是如法炮制，注册了众奥公司，用同样的手法敛财。

当前我国非法集资活动屡禁不止，随着社会经济的发展，骗子的骗术也在升级换代，不法分子利用广大群众对一些新兴行业和领域不熟悉、不了解，政策制度不完善的空子，打着绿色、环保、高科技等旗号蒙骗群众，达到不可告人的目的。但无论骗术如何变化，都不会放弃利用高额回报作为诱惑。只要我们在骗子摆出的“蛋糕”面前保持冷静的头脑，抛弃一夜暴富的美妙幻想，想想世上没有免费的午餐，也许骗子的骗局就能够被戳穿。

“世纪黄金”梦的破灭

——浙江世纪黄金公司非法经营黄金期货案

浙江世纪黄金制品有限公司创造了浙江最大的黄金交易金额。这家公司不只在杭州能呼风唤雨，在全国炒金界也是鼎鼎有名。其掌控人张某梦想打造其“黄金帝国”，却采用了非法的经营模式，诱使数百人上当受骗，最终受到法律的严惩。

案情简介

上过大学、参过军、当过工厂保卫干事的张某头脑灵光，经济嗅觉灵敏，在20世纪90年代国内收藏品市场刚刚兴起时就下海经商，从事邮票、磁卡、纪念币收藏品交易，并从邮币卡炒卖中掘得“第一桶金”。2000 年 11 月，张某成立了新世纪纪念币有限公司，专事纪念币交易业务，同年又创办了中国第一家钱币交易网站——“中国纪念币交易网”。

但市场总是有起有落，纪念币业务开始不景气，几年下来张某并没赚到多少钱。一个偶然的机会，张某看到上海某黄金制品公司（已被刑事判决认定为非法经营黄金期货）的黄金交易客户协议书，认为可以借鉴。2004 年下半年，张某便有了成立公司炒卖黄金的设想，到香港、上海等地向其他企业学习考察黄金交易，并取得了客户协议书、交易规则等相关资料。2005 年 4 月，张某正式注册成立了浙江世纪黄金制品有限公司，并亲自担任法定代表人、执行董事、经理，梦想打造其“黄金帝国”。

尝到过网络交易甜头的张某，仍将新公司定位于通过电子网络进行黄金炒卖经营业务，并指使公司技术人员负责设计开发了名为“金银制品销售与回购系统”的世纪黄金网上交易平台，为客户提供“世纪金条”交易咨询及服务。2005 年 7 月，世纪黄金公司网上交易平台正式招客。张某对从其他公司取得的客户协议书和交易规则进行修改后，印制成世纪黄金公司的格式合同，又通过报纸、自印杂志、互联网等方式宣传该公司的黄金交易，并在外地设立多家分支机构和代理机构，招徕大批来自全国各地的客户。

在世纪黄金公司的黄金交易业务中，客户向公司账户汇款后，便可在该公司网站的交易系统中获得账号和等额定金，进行无实物交割的黄金合约集中交易。但其黄金交易与国际黄金市场并不接轨，只是大致按照国际即时金价的浮动报价，供客户参考。客户可以选择买进或者卖出，该公司在交易过程中同时充当买方和卖方，并按每笔交易向客户收取网络使用费和仓储费。交易中，客户可按一定比例进行放大交易，放大的比例根据客户购买的商品数量可分为 1 倍、2 倍、5 倍、10 倍、20 倍和 50 倍，即客户交易时需支付的基础定金仅为交易额的 100%、50%、20%、10%、5%、2%。世纪黄金公司和客户间采用人民币结算，并实施当日无负债结算制度。当客户在炒金过程中亏损额达到所缴定金的 80% 时，如果客户不补进定金，公司即强行平仓。因此，在世纪黄金公司网上交易平台上从事的经营活动跟期货交易别无二致。

张某这一套期货交易模式，吸引了不明就里的“炒金客”。从 2005 年 7 月到 2008 年 6 月 26 日案发，世纪黄金公司的网上交易平台上共存在客户 1217

名，共产生交易17.65万笔，放大后交易金额总数为583亿余元，其中放大5倍以上的交易占总交易金额的99.9%。三年间，世纪黄金公司共向客户收取黄金交易定金2.75亿余元，从中获利1.25亿元，其中利息（即仓储费）6800余万元，手续费（即网络使用费）5700余万元，尚有客户定金余额4500余万元。

除黄金交易业务外，张某还利用其担任法定代表人的世纪黄金公司和新世纪公司以及实际操控的杭州世纪巨冠投资公司等平台，以“世纪黄金1号”、“世纪黄金2号”及“金银币销售回购”的名义，向169名不特定的社会公众推销理财投资产品，共签订理财协议181份，收取资金2000余万元。张某将经营这些理财产品所得的2000余万元资金以公司的名义投往北京和上海的公司，进行黄金投资。

作案手段

1. 虚假出资，设立公司。为炫耀实力，张某将其公司的注册资本定在1000万元。但到2005年4月，就在张某准备注册成立公司炒黄金时，他实际上已无力出资。为解决公司注册资金的来源问题，张某向他人借款1000万元，作为自己及名义股东张某甲（系张某弟弟）的出资款缴入验资账户。世纪黄金公司有了工商的正规注册且资本雄厚，在一定程度上打消了投资者的疑虑。实际上，通过验资并取得工商登记后，张某即将这1000万元全部抽逃归还，并支付了5万元的借款利息，公司账上只留了10元钱。

2. 虚构批文，掩人耳目。有了工商注册还不够，为进一步打消投资者的疑虑，张某还在宣传资料及网站公布中国人民银行下发的经营黄金制品核准证编号，并声称该公司在上海黄金交易所拥有专用交易席位，并写上了交易席位的编号。实际上，中国人民银行有关黄金制品经营的核准许可已经取消，世纪黄金制品核准证编号是以前核发的。

所谓“拥有上海黄金交易所专用席位”，更是“挂羊头卖狗肉”。事实上，上海黄金交易所只有会员单位和会员交易席位，根本不存在专用席位这个概念，也没有二级会员的说法。世纪黄金公司只是浙江省某金矿公司（上海黄金交易所的会员）的代理客户，自己根本没资格进行操作，也就是说世纪黄金公司从市场上买进和卖出黄金都必须通过浙江某金矿公司进行。那个所谓的专用交易席位实质是指浙江某金矿公司的交易席位，编号也是该金矿公司的交易编号。

3. 似是而非，逃避监管。根据工商营业执照，世纪黄金公司的经营范围只是黄金制品、工艺美术品的销售，即实物黄金的买卖，并不具备经营黄金期货交易的资格。即使是上海黄金交易所、期货交易所也是在 2007 年下半年才推出黄金期货交易品种，而且交易主要是在抗风险能力高的机构之间进行。世纪黄金公司对外宣传是黄金现货延迟交付，为此还与浙江省某金矿公司签订《代理交易协议书》，参与上海黄金交易所的现货黄金交易，并委托山东某金业公司为其加工“世纪金条”牌小金条。

但世纪黄金公司的交易平台为封闭交易系统，在交易中所采用的集中交易方式、标准化交易合约、保证金制度、每日无负债结算制度及双向交易、对冲交易机制和履约担保，已具备期货交易的基本特征。实际上，张某对其经营交易业务的合法性底气不足。2006 年 4 月，北京炒金客户王某被世纪黄金公司强行平仓造成亏损后，明确告知张某，自己发现世纪黄金公司经营的是黄金期货，并要求赔偿损失，否则就要向公安机关报案。张某只得息事宁人，赔了王某损失了事。此后，张某为了躲避法律的追查，先后聘请三位律师为他拟定的《客户协议书》进行多次修改，把原先协议书上的“保证金”改成“定金”；把“强行平仓”改为“违约处置”、“强制买卖”；把“佣金”改成“隔夜费”、“网络使用费”等内容，为的就是掩盖他经营期货的本质，但交易规则仍没多少变化。

4. “专家”辅导，引诱投资。世纪黄金公司及其代理机构招募的工作人员有 200 多人，除日常运营管理、业务人员外，更是从社会上聘用了“炒金高手”对投资者进行一对一“理财专家”辅导。这些所谓的“理财专家”，其条件是“五官端正，口齿伶俐”即可，只经过两三天的培训就上岗了。他们的工资就是从客户投入的本金中提成的，而且代理机构也按收取保证金的多少拿回扣。因此，无论是代理机构还是“理财专家”，总是想方设法让客户多投钱、多交易，客户是否赚钱则不是他们关心的事情。正是这些“专家”让受害者越陷越深，继续往里投钱，最后血本无归。

5. 坐庄对赌，大肆吞金。世纪黄金公司代理个人进行网上期货炒金交易，名义上是提供交易平台收取佣金。事实上，世纪黄金公司的黄金交易平台只是一个内部网络，与国际黄金市场并不接轨，只大致按照国际即时金价的浮动报价，供客户参考。客户可以选择买进或者卖出，该公司在交易过程中同时充当买方和卖方，并按每笔交易向客户收取网络使用费和仓储费，其实质是设局与客户进行对赌骗钱。

其手法有三：一是先赢后输。为引诱投资者上钩，开始时让客户赢一把，让投资者尝到甜头，吊起胃口，然后让投资者输得血本无归。二是"专家"辅导。这些所谓的"理财专家"往往是反向辅导，没听"专家"意见可能会赢，听了"专家"辅导反而输得更多。三是后台控制。如果有客户不听"专家"意见，眼看客户要赚得多时，后台控制人员就会让系统出故障，无法完成交易。

因此，只要进来的人一般都躲不过他们设下的陷阱，输个精光。世纪黄金公司580多亿元的交易总额中，无一人盈利。

案件查处

杭州警方及相关监管部门不断接到客户反映，世纪黄金公司在互联网上设立了电子化的黄金交易平台，招徕客户进网交易，从中牟取暴利，不少客户损失惨重。

为查清世纪黄金公司的真实内幕，警方及相关监管部门受理群众报案，开展调查，收集交易记录等相关资料。后经中国证监会认定，世纪黄金公司网上平台进行的黄金交易为非法期货交易。2008年6月25日，张某及相关人员被公安机关以涉嫌非法经营罪刑事拘留，张某和他的世纪黄金公司的"黄金梦"终于做到了尽头。

2009年7月16日，杭州市检察机关将浙江世纪黄金制品有限公司及张某等以犯非法经营罪向人民法院提起公诉。法院审理后认为，浙江世纪黄金制品有限公司在负责人张某的决策及其他责任人员的具体操作下，未经国家有关部门批准，非法经营黄金期货和集合资金信托业务，扰乱市场秩序，情节特别严重，其行为构成非法经营罪。判处浙江世纪黄金制品有限公司犯非法经营罪，处罚金7100万元。张某犯非法经营罪，处有期徒刑八年六个月，并处罚金100万元；犯抽逃出资罪，处有期徒刑一年，并处罚金20万元。两罪并罚，执行有期徒刑九年，并处罚金120万元。其他相关人员也受到法律惩处。

案件警示

虽然国家开放了黄金市场，但期货作为金融衍生产品，具有放大功能，大多数公众难以掌控并承受风险，因此对黄金期货交易仍有严格控制。国务院《期货交易管理条例》明确规定："期货交易应当在依法设立的期货交易所或者国务院期货监督管理机构批准的其他交易场所进行。禁止在国务院期货监督管理机构批准的期货交易场所之外进行期货交易，禁止变相期货交易"，"未经国务院期货监督管理机构批准，任何单位或者个人不得设立期货交易所或者以任何形式组织期货交易及其相关活动"，并规定"在期货交易所进行期货交易的，应当是期货交易所会员"。世纪黄金公司的经营行为已经触犯国家法律，应受到惩处。

在通货膨胀的情况下，社会公众纷纷将目光转向具有保值功能的黄金，各类地下炒金公司也应运而生，有的甚至以期货方式进行违规炒卖，诱惑投资者上当受骗。地下炒金公司违规操作大致有三种方式：一是谎称是香港、伦敦等黄金交易市场会员驻内地的分公司或办事处，让投资者开户并把资金汇到境外做交易；二是和世纪黄金公司一样，作虚盘，跟客户对赌；三是仅让客户频繁交易以赚取佣金。

随着证券、期货、黄金、外汇等金融领域开放力度逐步加大，与之配套的政策法规还存在一些阶段性的漏洞和监管盲区，也正因为如此，才使得世纪黄金公司乘虚而入，借助国家经济转型、金融创新等改革背景，利用公众投资渠道狭窄、理财能力不足，以及存在一夜暴富心理等弱点，诱使社会公众参与，进而侵害投资者利益，扰乱金融市场秩序。面对金融乱象，监管部门和司法部门应完善法规制度，加强日常监测、监督，加大对违法经营行为的惩处力度；社会公众也要了解金融知识，摒弃一夜暴富心理，树立审慎投资理念，避免投资自己不熟悉的产品。

“黄”粱一梦醒来迟

——无锡部分市民非法组织会员投资“电子黄金”案

无锡地区的一些市民被一个犯罪集团设计的电子黄金投资游戏所迷惑，纷纷投资购买所谓的黄金币，以期获取高额收益，结果不但损失惨重，一些主要参与者还因组织参与此类活动而走上了犯罪道路。

案情简介

2006年8月的一个下午，无锡市民施某某、蔡某某在一家酒店与丁某某会面，了解投资“电子黄金”有关事宜，并各自向后者交纳了1600元，注册成为了会员，无锡市一起以投资“电子黄金”为名进行的非法经营活动拉开了序幕。

操控“电子黄金”投资游戏的，实际是所谓的美国电子黄金投资集团，该集团以互联网为平台，虚拟“电子黄金”币，吸收会员，发展下线，以9个月为一个投资周期，每天向会员支付高额收益，对发展下线会员的投资者发放奖金。据统计，集资活动波及四川、江苏、广东、河南等17个省市，在全国共发展会员4万余名，吸纳会员资金近2亿元人民币。

在无锡，蔡某某又发展了张某某成为会员，张某某又发展了吕某某；在此后不到半年的时间内，施某某、蔡某某、张某某和吕某某四人直接或间接在无锡市发展了“电子黄金”的下线会员200余人，购买“电子黄金”币707万元，并非法牟取数额不等的利益。另外，2006年12月至2007年1月间，蔡某某还参与“电子石油”投资活动，在无锡发展了20余名“电子石油”会员，并将这些会员的投资资金人民币102万元汇往上线，非法牟利人民币3万元。

作案手段

1. 借投资“黄金”做幌子。近年来，黄金投资日益受到老百姓的青睐，加之一些银行也推出了看不到黄金实物的“纸黄金”投资业务，犯罪分子就利用了黄金在人们心目中的地位，推出“电子黄金”概念，并鼓吹国家鼓励境外投资，声称可以代客境外理财来迷惑老百姓，获取人们对一个虚拟概念的信任。

2. 高收益低门槛做诱饵。投资“电子黄金”的会员每天可获得投资额1.2%～1.7%不等的高额返利（以“电子黄金”币方式支付），月收益高达30%以上，如果发展其他人成为“电子黄金”会员，还可获得被介绍人投资额10%～15%不等的奖金，直接介绍7人以上的，还可在5代以内获得2%的对等奖金。综合起来，投资会员获得的年收益率高达300%以上，几十天就可收回投资，极具诱惑性。此外，成为“电子黄金”投资会员，只需交纳1600元即可，门槛很低，“成功了可以迅速赚钱，而万一失败反正损失也不大”，从而导致一些投资者抱着试试看的心理积极参与。犯罪分子利用这一心理迅速诱骗很多群众成为会员，并利用高额收益和每天返利的甜头一步步将其引入深渊，最终越陷越深。

3. 虚拟空间做平台。犯罪分子借助网络这一虚拟空间，广告宣传完全在互联网上进行，资金往来依靠电子转账和网上支付，整个操作流程实现了全网络化，极易迷惑群众。另外，其网站服务器先后设在韩国和美国，逃避了国内有关部门的监管和打击。

案件查处

2006年12月，江苏省无锡市公安机关接到了工商部门转来的一个有关“电子黄金”的匿名举报线索，称有人利用美国佛罗里达州电子黄金国际集团的网络平台，以“电子黄金投资”为名从事非法集资活动。在查处过程中，无锡市委、市政府召集市公安、国安、信息办、人民银行、银监局等部门负责人进行会商，采取措施查清美国电子黄金投资集团会员在无锡的支付结算方式、交易金额及资金去向，防止类似交易发生；同时24小时监控美国电子黄金投资集团网站，及时掌握网址变动等新情况，控制无锡地区犯罪嫌疑人银行账户。2007年5月31日和7月6日，无锡市公安局陆续逮捕了施某某等四名涉案人员。

2007年12月，无锡市崇安区人民检察院对这四人进行了公诉，无锡市崇安区人民法院对该案进行了审理。法院认为，施某某等人参与的“电子黄金”（“电子石油”）投资活动系传销活动，且明知发展的下线越多所取得的佣金和对等奖金就越多，可以看出被告人不光是为了投资，获取非法利益的犯罪故意明确，且扰乱了市场秩序，情节严重，四名被告人的行为均构成非法经营罪。另外，四人之间通过相互介绍参与非法经营活动，具有非法经营“电子黄金”的意思联络和犯罪故意，系共同犯罪，判处施某某、蔡某某、张某某和吕某某犯非法经营罪，分别判处其有期徒刑二年六个月、三年、二年六个月和二年六个月，缓刑三年，并分别处以一定数额的罚金和没收有关违法所得。

案件警示

近年来，像“电子黄金投资”这样的网络非法传销类集资活动越来越多，此类非法集资极具诱惑性，犯罪分子往往利用投资起点金额小、回报高和周期短等特点，抓住投资者的心理，并利用了上线发展下线的传销模式，短期内就能骗取巨额资金，一旦网站关闭，投资者将索钱无门，损失惨重难免。

具体来看，本案与传统非法集资案的最大不同之处在于，其采取了虚拟的“电子黄金”概念进行操作，玩的只是概念游戏，主要犯罪分子明显存在诈骗故意。事实上，只要稍加调查和询问，便能获悉“电子黄金”投资是否属实和合法，但一些投资者却越陷越深，要么是无知，要么是赌徒，寄希望于自己不会接到最后一棒，赚一把走人。因此，通过虚拟网络参与投资活动的风险更大，广大投资者务必睁大眼睛审慎参与，避免上当受骗。

值得一提的是，目前我国法律上并未将非法集资活动参与者定为违法或犯罪，但如果在个人投资的同时还以营利为目的，组织他人参与集资活动，即使并非活动的发起者，也有可能构成犯罪。本案中的施某某等四人正是此种情形，她们并非美国电子黄金投资集团的发起者，而是无锡地区的参与者，但在投资过程中却大量发展下线和旁支会员，并从中获利，扰乱了市场秩序，造成了较大损失，最终受到法律的惩处，令人深思和慨叹。

网络传销害人害己

——宁夏石嘴山市网络传销集资诈骗案

“点完鼠标点钞票”，在网络上，诸如此类极具诱惑的帖子层出不穷，其后可能就潜伏着网络传销的黑手。

案情简介

2007 年初，石某某、吴某、杨某某、刘某某、高某等人先后在武汉市、重庆市等地密谋，虚拟网上电子基金，以传销方式销售该基金。石某某将私募基金主要内容、新智网视屏专题等网络文摘下载到自己的 U 盘中。石某某、吴某、刘某某编制“韩国利仁国际投资集团”网站，虚构该公司海外背景、投资前景，并发布一系列关于“韩国利仁国际投资集团”的虚假信息。其后，石某某、吴某、刘某某等人以每股 360 元、每天 5% 的高额返利为诱饵，以“发展成员提成奖”、“中心领导奖”等鼓励投资者发展下线。吴某、刘某某负责网上答疑、划款、网站日常维护和后台管理。石某某、杨某某、高某、匡某某负责发展投资者，骗取集资。

2007 年 2 月至 3 月间，石某某等人用化名、曾用名在宁夏、四川、湖北、重庆等地通过他人发展投资者，以传销方式“拉人头”，销售“韩国利仁集团私募基金”。截至 2007 年 5 月 25 日，共骗取人民币 1200 余万元。上述款项除返利、提成 670 余万元外，其余被石某某、吴某、杨某某、刘某某、高某、匡某某分赃并挥霍。

家住石嘴山市的刘某听信虚假宣传，明知是非法传销，不但自己购买基金，还伙同他人先后在宁夏大武口、惠农、平罗、银川等地以传销的方式发展人员购买基金。截至 2007 年 5 月 25 日案发，刘某等人在宁夏地区形成了 200 余人参加的基金传销网络，非法募集资金 670 余万元，返利及提成 320 余万元。其中，刘某以传销方式，自己或通过他人发展投资者非法募集资金 41 万元，获利3.8万元。

作案手段

1. 虚构海外背景，编制虚假信息。为了能让投资者放心掏钱，石某某等人设立“韩国利仁国际投资集团”网站，虚构该公司海外背景、投资前景，并发布一系列关于“韩国利仁国际投资集团”的虚假信息，骗取投资人的信任。

2. 高额返利诱惑，进行网络传销。石某某等人虚拟网上电子基金，以每股360元、每天5%的高额返利为诱饵，以“发展成员提成奖”、“中心领导奖”等鼓励投资者发展下线，以这种传销方式销售该基金骗取资金。

案件查处

2007年5月前后，宁夏石嘴山市许多购买基金人员听信他人介绍，购买了“韩国利仁集团私募基金”，2007年5月26日基金网站关闭，推销该基金的杨某某、匡某某也失去联系，不少投资人即向石嘴山市公安局报案。石嘴山市公安局接到群众报案后，决定立案查处，案件进入司法程序。

2009年4月30日，石嘴山市中级人民法院依法审理并作出判决。法院认为，石某某、吴某、杨某某、刘某某、高某、匡某某无视国家法律，以非法占有为目的，明知没有预期盈利和归还集资款的能力，以高额返利为诱饵，虚构资金用途，并以传销方式，采用后笔集资款兑付前笔集资款及返利和提成的非法手段，骗取不特定公众集资，数额特别巨大，其行为已构成集资诈骗罪。刘某明知是非法传销行为，仍积极实施，情节严重，其行为已构成非法经营罪。依法判处石某某犯集资诈骗罪，处无期徒刑，没收个人全部财产，剥夺政治权利终身；吴某等人犯集资诈骗罪，分别判处有期徒刑，并处罚金；刘某犯非法经营罪，判处有期徒刑三年，缓刑三年，并处罚金3.8万元；其他相关责任人也分别获刑。

案件警示

近年来，网络传销活动呈现出辐射区域广、隐蔽性强、涉案金额大、危害后果严重的特点。以拉人头公开聚集为特征的传销活动在工商部门、公安机关的严厉打击下，变换手法转向网络传销。他们打着“资本运作”、“电子商务”、“网络销售”、“网络加盟”、“网购平台”、“私募基金”、“股权投资”、“网络直销”、“网络营销”、“网络代理”、“网上学习培训”、“点击广告即可获利”等名义，通过互联网，要求参与者缴纳费用、发展人员、组成人员层级网络、从事网络传销活动。其获利的主要途径是上线从直接或间接发展的下线销售业绩中计提报酬，或以直接或间接发展的人员数量计提报酬或者返利，其结果是极少数顶层的传销组织者轻而易举获取暴利，而绝大多数参与传销者血本无归。

2011 年 8 月 10 日，国家工商行政管理总局直销监督管理局就打击网络传销违法犯罪活动警示群众：对网络传销骗局，请您务必高度警惕，避免误入传销陷阱，造成财产损失。

罪恶的“网”

——内蒙古李某某非法经营案

不用辛勤劳动，而是通过一个个看得见摸不着的泡泡来成倍积累“财富”——这一切就像是毒品，引诱那些一心做着发财梦的人们相继钻入圈套，最终得到的只是无穷的悔恨。

案情简介

李某某，北京百姓天地电子商务有限公司法人代表、董事长，1988 年曾因投机倒把被判处七年有期徒刑，刑满释放后不思悔改，2006 年 2 月又与他人合伙成立了天地公司。该公司成立后，采取“卖二赠一”的购物返赠营销模式销售“百顺丹”，2006 年 3 月其运营行为被工商部门制止后，又改头换面，采取了“增值消费、互赠营销”的模式，继续从事非法经营活动。李某某等人违反国家法规，以非法牟利为目的，以高额返利为诱饵，发展不同级别的 E 站和会员，又规定在上下线 E 站之间可按经营业绩按单提成。其传销活动涉及全国 22 个省、市、自治区，建立各级加盟店 2238 家。

作案手段

1. 精心编网，巧妙设局。李某某等人为达到疯狂敛财的目的，精心设计了“卖二赠一”的营销模式，即社会上任何公司只要缴纳 3600 元即可成为天地公司的加盟店，消费者每消费 360 元，即可返还 80 元，最多可以得到 29 次返还。在天地公司上述运营活动被制止后，该公司又采取了“增值消费、互赠营销”的营销模式，消费者在公司每消费 360 元，即可成为公司的优惠顾客，有 12 次返赠机会，每次 45 元。一次性配货 3600 元商品，可申请开办百姓天地物流配送 E 站，业绩达到 10. 8 万元可晋升为市级代理，达到 50 万元可晋升为省级代理。成功招商 5 个省级代理，且业绩达到 250 万元的可晋升为市场督导，相应津贴标准也逐级提高。天地公司一些骨干还到全国各地对 E 站和消费者进行培训，召开表彰大会鼓励吸引更多的人员参与。通过以上设计安排，李某某一伙敛财范围不断扩大，金额成倍增加。

2. 高额诱惑，非法获利。令人吃惊的高额回报，光彩炫目的晋升机会，彻底打动了一个个幻想一夜暴富的人们，有的把传销作为谋生的手段，全身心地投入其中，有的四处游说，引诱亲朋好友涉足非法经营活动。他们在发展下线的同时，不义之财也在与日俱增。

案件查处

本案涉及面广、参与人员众多，非法经营额特别巨大，严重地扰乱了市场经济秩序和社会稳定。巴彦淖尔市人民法院认为，李某某一伙以非法牟利为目的，以高额返利为诱饵，其经营行为已符合传销的组织要件和计酬要件，其行为均已构成非法经营罪，判处李某某等人八年至二年不等有期徒刑，并处 3000 万元至 3 万元不等的罚金。李某某等人不服，提出上诉。2009 年 1 月 20

日，内蒙古自治区高级人民法院作出维持原判的终审判决。

案件警示

在市场经济条件下，每个人的经济活动都要严格遵守法律法规。早在1998年，国家就明令禁止传销或变相传销等违法犯罪活动，要求严厉打击传销或变相传销等非法经营活动。2005年国务院又专门颁发了《禁止传销条例》。传销是指组织者或者经营者发展人员，通过对被发展人员以其直接或者间接发展的人员数量或者销售业绩为依据计算和给付报酬，或者要求被发展人员以交纳一定费用为条件取得加入资格等方式牟取非法利益，扰乱经济秩序，影响社会稳定的行为。

此案中李某某一伙先后多次变换手法进行传销，从事非法经营活动，参与者涉及社会多个层次，人数众多，遍及全国三分之二以上省份，危及众多家庭的利益，严重地扰乱了市场经济秩序，破坏了社会稳定。李某某案件给社会各界敲响了警钟，无论何时何地、何种条件下，都要对违法犯罪活动自始至终保持高度警惕，识别风险，远离犯罪。

“易购币”不宜购

——张家口市韩某某非法经营案

一个只有中专文化程度的中年妇女，在网上编织了一个虚拟愿景，使满怀着迅速致富梦想的人接二连三地自投罗网。

案情简介

韩某某，1964年2月18日生，蒙古族，中专文化程度。2006年10月初，韩某某投资4.59万元被李某某发展为网上“易购币”的直接下线，2006年10月初至11月底，韩某某租用张家口市帝达购物广场南区服务城的一个摊位，在“WIG”网上进行“易购币”投资返利活动。具体做法是：投资人投入100美元至5000美元数额不等的等值人民币，韩某某便在自用的电脑上为投资者在“WIG”网上申请一个个人邮箱，然后开通一个“易购币”账户，接下来在节假日（美国公众假日）外的每天按投资额1.2%～2%的比例通过“易购币”账户向投资人支付利息，并将返还的利息兑换成人民币后返给投资者。

为吸引更多的投资人参与，韩某某规定凡直接介绍他人加入者，可按投资额10%～15%的比率抽取介绍费；凡间接介绍他人加入者，其上线可按投资额1%～2%的比例抽取介绍费。“WIG”网运营近两个月后于2006年11月26日被有关部门强行关闭。在不到两个月的时间里，韩某某在张家口市区直接或间接介绍20人加入此网络，吸纳总投资金额50余万元。韩某某通过直接或间接介绍投资者加入，收取提成以及网上“易购币”兑换手续费获利。

作案手段

1. 利用互联网作案。韩某某熟悉电脑及网络知识，将互联网作为作案工具，充分利用了互联网方便快捷的特点，在较短的时间里发展了多个下线。

2. 开展传销活动。在利益的驱动下，韩某某通过直接或间接方式发展下线人员，并以介绍人员数量或销售业绩为依据给付报酬，从下线投资中收取提成和手续费，牟取非法利益。

案件查处

2008 年 4 月 21 日，张家口市桥东区人民法院以非法经营罪判处韩某某有期徒刑二年，缓刑三年，并处罚金 2 万元，没收作案工具电脑 2 台。

案件警示

国家明令禁止传销活动，先后多次出台了打击传销活动的有关规定。2005 年，国务院又专门颁发了《禁止传销条例》，明确了传销的概念、传销行为的种类与查处机关。对组织策划传销，介绍、诱骗、胁迫他人参加传销的，除由工商行政管理部门进行行政处罚外，构成犯罪的要依法追究刑事责任；对参加传销的，由工商行政管理部门责令停止违法行为，可以处 2000 元以下的罚款。

韩某某在利益的驱使下，置国家法律法规于不顾，游说众人发展下线，获取非法收益，受到应有的惩处在情理之中。一些投资者和参与者，起初是在韩某某的蛊惑下上当受骗，但得到一点甜头后，又引诱他人上当受骗，从而成为韩某某的帮凶。

近年来，因传销引发的杀人、抢劫等暴力刑事案件时有发生，因传销引起的夫妻反目、父子相向甚至家破人亡的惨剧也比比皆是，这些人既可悲又可恨。群众在参与项目投资时，首先应考虑该项投资是否符合国家有关法律法规的规定，风险能否承受，绝不能偏听偏信，盲目投入，以免害人害己。

第九章 其他类非法集资

近年来，各类非法集资名目繁多，形式多样，已经渗透到各行各业。形形色色的非法集资吞噬着人们的金钱，践踏着国家的法律。正如马克思所讲：一旦有适当的利润，资本就大胆起来……有50%的利润，它就铤而走险，为了100%的利润，它就敢践踏一切人间法律，有300%的利润，它就敢犯任何罪行，甚至冒着绞首的危险。

本章选取的四个案例，有的涉及殡葬行业，有的触角伸向出租车、房车……犯罪分子无孔不入，无所不及，但最终都免不了锒铛入狱的命运。

墓穴塔位里的发财梦

——陕西尤湖塔园公司非法吸收公众存款案

一个小小的墓穴塔位，寄存了多少人发财的梦想，也隐含了多少人的愤懑，上当受骗的群众在痛失财富的时候，除了对骗子深深地谴责和记恨，也在为自己当初贪财的冲动懊悔！

案情简介

1998 年 7 月，惠某某等五人共同出资，以苏州康丽房地产开发公司名义与渭南市民政局合作，成立了渭南市尤湖塔园有限责任公司，建设塔园项目。为解决资金问题，在惠某某、陈某、冯某某的操纵下，公司面向社会进行虚假宣传，谎称购买该公司用于安放死者骨灰的塔位可以增值，并以不定期、定期提高塔位价格，承诺回购等手段，欺骗、诱导社会公众购买塔位，借此大肆非法吸收公众资金。据统计，西安地区被诱骗购买该公司塔位的被害群众多达 4300 余人，该公司从中非法吸收公众资金 9698 万元。

此外，为了解决尤湖塔园公司资金短缺的问题，惠某某还面向公司内部职工及社会群众非法高息借款，1998 年 12 月至 2006 年 7 月间，共计借款 1098 万元。

惠某某在任公司董事长兼总经理期间，将在西安销售的塔位款 400 万元汇入江苏无锡市邱某某的个人银行卡，由惠某某之妻葛某某与邱某某合伙投资经营忆江南餐饮有限公司。

2005 年 8 月，由于大量退单的出现大大超过了尤湖塔园公司的承受能力，造成资金周转困难，公司无力兑现退单，连少量的资金也无法周转，导致各地服务处的销售活动戛然而止，一座用炒买炒卖搭建起来的资金高塔轰然崩塌。

作案手段

1. 增值诱惑，虚假宣传。尤湖塔园公司在对外销售其所谓的投资型塔位时，虚假宣传购买投资型塔位可以增值保值。在没有任何依据的情况下，不定期随意调高塔位价格，甚至将不定期升值改为定期升值，给广大群众造成了塔位价格只涨不降的深刻印象。如前一阶段每个塔位是2280元，现在突然就成了2580元，让之前没有购买的群众后悔不已。几年间，塔位的价格一路攀升，从2000元到3000元，再到4000元、5000元，后来飙升到7000元，甚至更多。尤湖塔园公司将调价情况向社会公众发布，虚构塔位增值的假象，以诱骗更多的群众购买塔园塔位。该公司还承诺在合同规定的期限内负责更名、退单，变相地约定予以返本付息。

2. 培训员工，贴身销售。尤湖塔园公司为了保证塔位的销售，专门招募刚毕业又找不到理想工作的各类民办大学学生，特别是女大学生进行上岗前的培训，建立尤湖塔园塔位的销售队伍。一段时间内，尤湖塔园公司招聘的数千名大学生，衣着整洁、说话斯文、满脸诚恳，带着销售任务，穿梭于古城西安的大街小巷，从老年人群体的口袋里敛取金钱。在利益驱动下，西安城区的有些中年妇女也随着大学生加入到尤湖塔园的塔位销售队伍，凭借着单位、街坊、邻居、亲友等诸多便利条件，为尤湖塔园公司承揽了不少订单。

3. 亲情策略，一石二鸟。为了扩大塔位的销售，尤湖塔园公司主要负责人煞费苦心，利用中国最古老的“孝道”作为销售策略。“如果你孝顺父母，请赶快去买个好塔位。”没想到就是这一句带有感恩色彩的广告语，短短几年间，就诱惑数千人掏出上亿元去给父母尽孝。加之销售人员不断地宣传和灌输着：“渭南有条尤河，尤河上有个尤湖，尤湖旁有个塔园，塔园里专门存放骨灰，买个塔位既可以自己使用，也可以变成投资，保证只赚不赔。”这就使得有些老人既受利益诱惑，又把儿女愿不愿意为自己购买塔位作为是否孝顺的一个幼稚的标准，吸引了更多的老人相互转告，购买更多的塔位。

案件查处

2006年下半年，不断有深陷其中的群众信访上访反映尤湖塔园公司的问题，引起陕西省有关部门和渭南市委、市政府的高度重视，随即组成专案组展开调查。2006年11月，渭南市公安局对涉案的主要犯罪嫌疑人惠某某、陈某、冯某某先后予以逮捕。2007年4月12日，渭南市人民检察院以非法吸收公众存款罪和挪用资金罪提起公诉。

法院认为：尤湖塔园公司未经金融主管机关批准，采取向社会公众销售投资型塔位，承诺到期退单兑付和向社会公众高息借款的手段，变相吸收公众存款，数额巨大，其行为已构成非法吸收公众存款罪，且造成投资群众多次上访，严重扰乱金融秩序和社会秩序，依法应予惩处。法院以非法吸收公众存款罪判处尤湖塔园公司罚金50万元；以非法吸收公众存款罪、挪用资金罪合并判处惠某某有期徒刑十一年，并处罚金40万元；以非法吸收公众存款罪分别判处陈某、冯某某有期徒刑三年，缓刑五年，分处20万元和10万元罚金。一审宣判后，尤湖塔园公司和惠某某提起上诉。陕西省高级人民法院驳回上诉，维持原判。

案件警示

2000年以来，我国部分地方发生多宗投资墓穴塔位的非法集资案件，在追逐利益和尽一份孝心双重冲动的驱使下，众多参与者趋之若鹜、倾囊投资，掀起一股炒买炒卖墓穴塔位的热潮，给参与者造成重大经济损失，教训十分深刻。

为从源头上杜绝炒买炒卖公墓，目前国家有关部门正对现行的《殡葬管理条例》进行修订，拟增加禁止墓葬用地或者骨灰存放格位非法转让、买卖的条款，规定公墓经营单位应当凭用户出具的死亡证明提供墓葬用地或者骨灰存放格位，不得向没有出具亲属死亡证明的人提供墓葬用地或者骨灰存放格位；墓葬用地或者骨灰存放格位的用户不得向他人出让、转租墓葬用地或者骨灰存放格位。

在中国传统道德文化中，“发死人财”被人所鄙夷和不齿，但这个案例提醒我们，不法分子为了敛财已经无所不用其极，非法集资不但许以高回报，还打起亲情牌、孝道牌，以多重诱惑引诱群众上当受骗。面对诱惑，如果不能保持清醒的头脑，而是盲目从众、轻信冲动，一旦资金链断裂或不法分子携款潜逃，留给参与者的，还是那两句已经重复千遍的忠告：天上不会掉馅饼，世上没有免费的午餐！

出租车投资大骗局

——上海陈某某集资诈骗案

我国出租车牌照因行业管制而成为稀缺资源。在上海，就有犯罪分子利用这一点，虚构出租车经营项目，允以高额回报，骗取投资款，“挖东墙补西墙”维系近十年，最终酿成百余名投资人上亿元的惨重损失。

跟我们签订投资出租车协议，我们经营，你们赚钱。

案情简介

与本案有关的一个重要人物是邹某某（2008 年初逃往美国，另案处理），其于 1997 年冒用上海申江旅游服务有限公司名义，虚构了可投资申江公司名下出租车运营的事实，设计了高额回报标准，随后即潜入幕后，由与其熟识的陈某某、傅某某对外招揽投资人，具体实施其诈骗计划。在集资过程中，李某某和李某甲先直接向陈某某投资而后介绍其他人参与投资，夏某某先直接向傅某某投资而后介绍其他人参与投资。就这样，1998 年 3 月至 2007 年 12 月间，该犯罪团伙共向 252 名投资人吸收投资款共计 8.5 亿余元，最终造成 165 名投资者 1.6 亿余元巨额经济损失。

作案手段

1. 虚构投资物。利用人们对出租车行业的基本认识，邹某某想到制造“出租车投资”概念作为切入点，遂冒申江公司名义，谎称可由投资人出资购买申江公司出租车后交由该公司经营，并由该公司按月返还收益，设下了“投资出租车”的敛财骗局。在实际运作中，邹某某私刻了申江公司公章、财务专用章，并将其制作的盖有其私章和申江公司公章的“投资上海大众桑塔纳等小客车运行协议”及有关收据交由陈某某、傅某某，由后者拉拢投资人并签订投资协议。

2. 高回报诱人。在邹某某设计的投资计划中，投资人以 17 万 ~18.5 万元不等的价格购买一辆出租车，约定该出租车交由申江公司经营，分五年给予回报，从第一年至第五年每月回报分别为 7800 元、7500 元、7050 元、6450 元、5700 元。后在集资过程中基于投资时间与车型的变动，车价与回报虽有所变化，但根据承诺，基本上为前两年即可收回投资成本，后三年系纯赚。如此高的回报率，极具诱惑性。

3. 杀熟不眨眼。本案中，主要参与人员要么是朋友，要么是亲戚，就这样，通过朋友介绍朋友，亲戚介绍亲戚，一个熟人集资网络得以形成并不断扩大，为犯罪分子实施作案提供了极为便利的条件。一些犯罪分子的初衷或许是为了让亲朋获益，但随着越陷越深和自身利益驱动，他们已变得六亲不认，无情地欺骗身边的熟人。

4. 闷声发大财。与一些集资活动的高调宣传不同，本案犯罪分子主要利用熟悉的亲戚朋友之间口口相传的方式进行犯罪活动，没有通过媒体等渠道公开宣传，非常隐秘，这也许是其虽然集资金额巨大，却能前后存续近十年的最大原因。另外，在集资过程中，陈某某等人对投资款、返利均以现金方式进行，当一些投资者要求通过银行转账结算资金时，其以“年收入超过12万元要征收个调税”名义搪塞，这种资金不进入金融体系的犯罪手法有效地逃开了银行及监管部门对资金异常流动的监控，犯罪活动得以长期存续。

案件查处

2007年9月，由于投资人购买车辆骤增，所需返利也骤增，资金周转趋紧。在邹某某的指使下，陈某某开始直接将新收的投资款作为返利支付给投资人，并组织所谓大型投资推荐会疯狂圈钱，但仍未能改变捉襟见肘、岌岌可危的局面。资金链终于在2007年末断裂，一些投资者陆续向警方报案，这起特大集资案案发。陈某某等五人于2008年1月至2月先后向公安机关投案。

2008年8月，上海市第一中级人民法院对该案进行了审理，并作出一审判决。法院认为，陈某某明知邹某某设计的出租车投资项目系并无实体经营的骗局，仍组织、劝说他人投资，在后期资金紧张时用其他人投资款直接予以返利，并举行投资人会议大肆拉拢投资，即明知没有归还能力的情况下仍大量集资，非法占有故意明显，构成集资诈骗罪；傅某某与陈某某在集资活动中所处层面、地位基本一致，法院亦认定傅某某犯集资诈骗罪；对于李某某、李某甲和夏某某，法院认为三人在陈某某或傅某某的名下，介绍、组织他人参与出租车投资，投资款和返利均经其转交，且集资金额巨大，也给投资人造成了巨大损失，严重扰乱了社会金融秩序，构成非法吸收公众存款罪，并认为李某某和李某甲还虚构事实、隐瞒真相，即通过私自抬高车辆投资价格、扣减返利款、收取验车费等赚取差价，构成诈骗罪。综上，法院最终以集资诈骗罪判处陈某某死刑，缓刑二年；以集资诈骗罪判处傅某某有期徒刑十五年；以诈骗罪和非法吸收公众存款罪并罚判处李某某和李某甲有期徒刑各十八年；以非法吸收公众存款罪判处夏某某有期徒刑五年。另分处以上五人罚金。

案件警示

历经十余年，上海这起罕见的以投资出租车获取高额利润为诱饵的特大集资诈骗案终于尘埃落定，投资人付出了沉重代价，犯罪分子也得到了应有的惩罚。

案件再次警示人们，要学会保护自己就必须提高识别能力，远离“朋友”、“好人”提供的各种利益诱惑。纵观案件过程，邹某某利用其在陈某某家居住两年多形成的亲密关系，轻松骗陈某某入局，陈某某又以同样的手法向其亲友扩展，最终使得数百人上当受骗。因此，在作出重要投资决定时，一定要对有关情况进行核实，确认情况真实、相关行为经过批准、合法合规后再投资不迟。如本案中，在没有见到一辆出租车的情况下，很多人竟只盯着高额回报而盲目投入资金，十余年间没有一个投资者到真正的申江公司去实地核实情况，更没有人到相关管理部门咨询有关合法性，实在令人诧异。

驶向末路的“豪华房车”

——湖南长沙中天行公司非法集资案

“旅游房车+高科技产业”，打着这样的旗号，长沙中天行公司在短短一年多的时间里，吸引了7000多名会员“扑”向了它的“怀抱”，所谓“豪华房车”也就驶向了末路……

案情简介

2004年1月，赵某某等人用北京中天行房车俱乐部有限公司的授权经营证明，虚报注册资本120万元，在长沙登记注册了长沙市中天行房产俱乐部有限公司，赵某某、高某某、蔡某某、刘某等先后担任公司总经理、副总经理。

从2004年4月开业至2005年9月，长沙中天行公司利用发行至尊卡、贵宾卡、体验卡、鸿福卡、博颐卡等会员卡加盟入会的方式，承诺每月或按年以返还租金、赠送礼金等形式支付投资回报，测算年回报率高达10%以上，吸引以中老年人为主的社会公众参与委托租赁汽车使用权活动。公司除以货币形式还本付息外，还为不同等级会员提供其他服务和权益，如为会员购买10万~50万元不等的意外伤害保险和意外医疗综合保险；提供租赁旅行房车市场价格5~8折不等的费用优惠；承诺会员将优先成为公司股票发行上市后的原始股东等。

截至2005年9月案发时，共向7595人次非法集资1.67亿元，其中用于会员返租款1700余万元，欠会费1.5亿元。公司共购买房车38辆，作为公司经营主业的房车租赁收入仅12万元，案发时公司仅有存款和现金388万元。

作案手段

1. 朝阳产业、科技概念，豪华包装。长沙中天行公司打出“旅游房车+高科技产业”的发展方向，一方面称房车风行欧美，在国内则是朝阳产业，正处于培育期，公司前景很好，并拟在长沙县投资建立中天行华南总部；另一方面宣称拟与有清华大学背景的北京华清博大应用科技有限公司合作，在长沙投资兴建公司，开发安全氧化剂、耐磨铸钢、医疗废物处置等高科技项目。

2. 花样翻新、高额回报，套牢会员。长沙中天行公司成立之初，采取委托租赁方式发展会员，即社会公众交纳一定金额（5 万元、2 万元、1 万元）的入会费后，分别成为公司的至尊卡、贵宾卡、体验卡会员（期限 10 年，后改为 5 年），每年获得一定期限的房车使用权，如放弃使用权，则享受每月返还 1% ~3% 的租赁费。2005 年 1 月，为避免资金压力过早崩盘，长沙中天行公司停止发展委托租赁制会员，改为发行鸿福卡，每卡购买价 2 万元（后改为 2.2 万元），购卡后可在 5 年内每年使用一定期限的房车，或由公司按年赠送卡金额 10% 的消费券。2005 年 8 月，长沙中天行公司虚构“中天颐养园”老年公寓项目，发行博颐卡，每卡购买价 3 万元，购卡后可在 5 年内享有房车使用权、一定期限的房车宾馆使用权、中天颐养园养老居住权等，并享受居住优惠和居住期间的生活补助等。同时，至尊卡、贵宾卡、体验卡会员，均可以置换成博颐卡并享受补贴。

3. 虚假增资、担保公证，以假乱真。为骗取社会公众对长沙中天行公司实力的信任，赵某某、高某某、蔡某某等人商量虚增注册资本 400 万元，并于 2004 年 7 月通过某策划公司办理了虚假变更登记。为稳定会员及为长沙中天行公司提供融资担保，2004 年 10 月，高某某与他人采取借款2000 万元验资后抽逃注册资金的方式，成立了湖南信昱担保有限公司，其后在发展会员的过程中，长沙中天行公司均以该担保公司名义为会员提供担保。此外，还邀请公证部门对会员与公司签订的《会员入会合约书》、《鸿福卡服务合约书》、《博颐卡服务合约书》进行公证。

4. 疯狂宣传、大力促销，混淆视听。长沙中天行公司开业之日，即邀请有关领导和新闻媒体，进行大型庆典和宣传；之后与媒体合办《中天行房车特刊》栏目，虚夸公司实力及所投资项目的盈利能力；大力宣扬其获得的“守合同重信用单位”、“消费者信得过单位”等荣誉。在有关部门撤销其荣誉称号，收回牌匾后，仍将原来制作的彩页、效果图等向公众发放，并在办公场所显要部位悬挂张贴。同时，组织大量营销人员上街上门，向社会公众散发小礼品和宣传品；采取送免费早餐、组织免费体验房车和免费会员活动，引诱拉拢以中老年人为主的社会公众入会；组织会员免费旅游、赠送礼品、折换现金、体验营地生活和到所投资项目建设工地参观等活动，增加会员信任度。

案件查处

2005年9月，公安机关以长沙中天行公司涉嫌虚报注册资本罪进行立案，并对其涉嫌非法集资活动情况进行侦查。同年10月，以涉嫌集资诈骗罪逮捕了高某某、赵某某、蔡某某、刘某。2006年8月，一审法院对四人作出判决。高某某、赵某某不服提起上诉，2007年8月，二审法院作出维持原判的终审判决。

法院认为：高某某、赵某某、蔡某某、刘某虚假注册成立长沙市中天行房车俱乐部有限公司，明知没有偿还能力而以非法占有集资款为目的，以支付高额回报为诱饵，并采取虚增注册资金，对合同进行担保、公证，动用媒体做公司业绩良好的宣传等手段，蒙骗群众进行非法集资，数额特别巨大，且给集资参与者造成了巨额经济损失，其行为均构成了集资诈骗罪。四人虽以公司名义实施集资诈骗行为，但绝大部分集资款由个人掌控，对外投资款项从个人账户支出，新成立公司均以个人名义占有股份，个人行为特征明显，依法均按个人集资诈骗罪追究刑事责任。根据生效判决，高某某、蔡某某被判处无期徒刑，剥夺政治权利终身，并处没收个人全部财产；赵某某被判处有期徒刑十二年，并处罚金30万元；刘某被判处有期徒刑八年，并处罚金20万元。

案件警示

1. 警惕“豪华公司”陷阱。一些以高科技和朝阳产业为道具的所谓“豪华公司”，虚构企业发展计划，骗取政府部门支持，犯罪的隐蔽性和欺骗性更强。投资者要提高警惕，不能盲目信任公司的宣传，要通过多种途径对公司作多方面了解，加强对拟投资公司经营情况及开发项目的考察，不能道听途说，避免掉入陷阱。

2. 警惕会员卡吸金。在本案中，长沙中天行公司推出的五种会员卡虽然名目众多，但实质上都是一种变相的“储蓄卡”，会员也是为了这种回报而趋之若鹜。会员卡是企业向特定客户群提供服务的身份象征，不应具有“储蓄卡”的功能，群众对于企业以高额回报为诱饵推出的所谓会员卡，一定要高度警惕，慎防资金有进无出。

3. 不要贪图小利。企业组织活动、赠送礼品，一定是有利要图，投资者要保持清醒的头脑，不要因为贪图小利而盲目听信，造成因小失大甚至血本无归的后果。

一起“绑架”事件拨开的诈骗迷雾

——克拉玛依市汇雅公司集资诈骗、合同诈骗案

集资诈骗7000多万元肆意挥霍，受害者雇人绑架进行逼债，诈骗者虽然被警方救出，但终究难以逃脱法律的制裁……

案情简介

2007年1月19日晚，克拉玛依市公安局值班民警突然接到一名自称叫李某某的人发来的一条短信，说自己被黑社会人员绑架，请求救助。接到报案后公安民警立即出警，连夜将李某某等人带回审查。经查，李某某所称的“绑架”，其实是其诈骗案的受害者雇用社会闲散人员进行逼债的非法行为，由此一起由“绑架”事件引出的特大集资诈骗案浮出水面。

李某某，新疆克拉玛依市汇雅商贸有限公司法定代表人、总经理。为过上奢侈的生活，2004年9月起，她单独或伙同关某某、马某某等人以非法占有为目的，以做生意缺少资金为由，以高额回报为诱饵，通过伪造公章、计划单、供货协议等方式，对集资款采用借新还旧等方法进行非法集资，共向50人非法集资7318万元，至案发时尚有4632万元无法归还。同时，李某某又伙同关某某、马某某采用欺骗手段，骗取财物2932万元，至案发时尚有2464万元无法归还。

作案手段

1. 高额回报，引君入瓮。“集资6万元到期可以返还20万元，借19万元就能收到面值32万元的白条子”，多么诱人的承诺。高额的回报就像一个巨大的黑洞，吞噬着一个个争先恐后、前赴后继，妄想一夜暴富的人们的血汗钱、养老钱、结婚钱……

2. 骗术尽施，以假乱真。为骗取“投资者”信任，让他们“心甘情愿”

地拿出钱来，李某某等人可谓是机关算尽，煞费苦心。除使用伪造公章、计划单、供货协议，假冒领导等手段外，她还导演了一出骗局：安排投资者坐上自己的高级轿车，与她一起去政府部门或大公司的办公大楼前盖章。每次到那里，她都让手下拿着事先拟定好的大宗计划单走进去，她和投资者在外等候。其实，办公楼内早已有她的自己人在等候了，见到计划单或是假供货协议，立即盖上伪造的公章，整个过程不到十分钟时间。投资者亲眼目睹了计划单和供货协议的形成，认定李某某有本事，从而放心地把资金打入汇雅公司的账户。

案件查处

案发后，克拉玛依市公安局成立了“1・20”专案组，立案侦查汇雅公司集资诈骗案，经过缜密侦查，最终将李某某一伙送上审判席。2008 年 7 月 28 日，克拉玛依市中级人民法院作出一审判决：以集资诈骗罪、合同诈骗罪判处李某某死刑，缓期二年执行；判处关某某无期徒刑；判处马某某有期徒刑十八年。三名被告人不服，于 2008 年 8 月 7 日提起上诉，经新疆维吾尔自治区高级人民法院审理，于 2008 年 9 月 19 日作出终审裁定，维持原判。

案件警示

本案中犯罪人集资诈骗之所以能够得逞，靠的是伪造公章、计划单、供货协议，假冒领导，虚构公司实力等一系列欺骗行为。例如，李某某通过合同诈骗从新疆汇捷系统工程有限责任公司骗取 1700 万元的货物，她又以这些货物为依托，精心安排“投资者”前来参观，证明自己公司的“实力”，从而吸引“投资者”投资，以达到其集资的目的。广大群众在投资时要增强理性投资意识，牢记高收益往往伴随着高风险，不规范的经济活动更是蕴藏着巨大风险，投资时一定要详细了解公司的经营范围、经营实力，签订投资合同时要慎重，看是否符合法律程序，谨慎投资以防血本无归。

法律规定篇

一、法律法规

中华人民共和国刑法（摘要）

（1979年7月1日第五届全国人民代表大会第二次会议通过，1997年3月14日第八届全国人民代表大会第五次会议修订。根据1999年12月25日中华人民共和国刑法修正案，2001年8月31日中华人民共和国刑法修正案（二），2001年12月29日中华人民共和国刑法修正案（三），2002年12月28日中华人民共和国刑法修正案（四），2005年2月28日中华人民共和国刑法修正案（五），2006年6月29日中华人民共和国刑法修正案（六），2009年2月28日中华人民共和国刑法修正案（七）修正，根据2009年8月27日《全国人民代表大会常务委员会关于修改部分法律的决定》修正，根据2011年2月25日中华人民共和国刑法修正案（八）修正）

第二编　分　　则

第三章　破坏社会主义市场经济秩序罪

第四节　破坏金融管理秩序罪

第一百七十四条　未经国家有关主管部门批准，擅自设立商业银行、证券交易所、期货交易所、证券公司、期货经纪公司、保险公司或者其他金融机构的，处三年以下有期徒刑或者拘役，并处或者单处二万元以上二十万元以下罚金；情节严重的，处三年以上十年以下有期徒刑，并处五万元以上五十万元以下罚金。

第一百七十六条　非法吸收公众存款或者变相吸收公众存款，扰乱金融秩序的，处三年以下有期徒刑或者拘役，并处或者单处二万元以上二十万元以下罚金；数额巨大或者有其他严重情节的，处三年以上十年以下有期徒刑，并处五万元以上五十万元以下罚金。

单位犯前款罪的，对单位判处罚金，并对其直接负责的主管人员和其他直接责任人员，依照前款的规定处罚。

第一百七十九条 未经国家有关主管部门批准，擅自发行股票或者公司、企业债券，数额巨大、后果严重或者有其他严重情节的，处五年以下有期徒刑或者拘役，并处或者单处非法募集资金金额百分之一以上百分之五以下罚金。

单位犯前款罪的，对单位判处罚金，并对其直接负责的主管人员和其他直接责任人员，处五年以下有期徒刑或者拘役。

第五节 金融诈骗罪

第一百九十二条 以非法占有为目的，使用诈骗方法非法集资，数额较大的，处五年以下有期徒刑或者拘役，并处二万元以上二十万元以下罚金；数额巨大或者有其他严重情节的，处五年以上十年以下有期徒刑，并处五万元以上五十万元以下罚金；数额特别巨大或者有其他特别严重情节的，处十年以上有期徒刑或者无期徒刑，并处五万元以上五十万元以下罚金或者没收财产。

第一百九十九条 犯本节第一百九十二条规定之罪，数额特别巨大并且给国家和人民利益造成特别重大损失的，处无期徒刑或者死刑，并处没收财产。

第二百条 单位犯本节第一百九十二条、第一百九十四条、第一百九十五条规定之罪的，对单位判处罚金，并对其直接负责的主管人员和其他直接责任人员，处五年以下有期徒刑或者拘役，可以并处罚金；数额巨大或者有其他严重情节的，处五年以上十年以下有期徒刑，并处罚金；数额特别巨大或者有其他特别严重情节的，处十年以上有期徒刑或者无期徒刑，并处罚金。

第八节 扰乱市场秩序罪

第二百二十二条 广告主、广告经营者、广告发布者违反国家规定，利用广告对商品或者服务作虚假宣传，情节严重的，处二年以下有期徒刑或者拘役，并处或者单处罚金。

第二百二十四条第二款 组织、领导以推销商品、提供服务等经营活动为名，要求参加者以缴纳费用或者购买商品、服务等方式获得加入资格，并按照一定顺序组成层级，直接或者间接以发展人员的数量作为计酬或者返利依据，引诱、胁迫参加者继续发展他人参加，骗取财物，扰乱经济社会秩序的传销活动的，处五年以下有期徒刑或者拘役，并处罚金；情节严重的，处五年以上有期徒刑，并处罚金。

第二百二十五条 违反国家规定，有下列非法经营行为之一，扰乱市场秩序，情节严重的，处五年以下有期徒刑或者拘役，并处或者单处违法所得一倍以上五倍以下罚金；情节特别严重的，处五年以上有期徒刑，并处违法所得一倍以上五倍以下罚金或者没收财产：

（一）未经许可经营法律、行政法规规定的专营、专卖物品或者其他限制买卖的物品的；

（二）买卖进出口许可证、进出口原产地证明以及其他法律、行政法规规定的经营许可证或者批准文件的；

（三）未经国家有关主管部门批准非法经营证券、期货、保险业务的，或者非法从事资金支付结算业务的；

（四）其他严重扰乱市场秩序的非法经营行为。

中华人民共和国公司法（摘要）

（1993 年 12 月 29 日第八届全国人民代表大会常务委员会第五次会议通过，根据 1999 年 12 月 25 日第九届全国人民代表大会常务委员会第十三次会议《关于修改〈中华人民共和国公司法〉的决定》第一次修正，根据 2004 年 8 月 28 日第十届全国人民代表大会常务委员会第十一次会议《关于修改〈中华人民共和国公司法〉的决定》第二次修正，2005 年 10 月 27 日第十届全国人民代表大会常务委员会第十八次会议修订）

第六条 设立公司，应当依法向公司登记机关申请设立登记。符合本法规定的设立条件的，由公司登记机关分别登记为有限责任公司或者股份有限公司；不符合本法规定的设立条件的，不得登记为有限责任公司或者股份有限公司。

法律、行政法规规定设立公司必须报经批准的，应当在公司登记前依法办理批准手续。

公众可以向公司登记机关申请查询公司登记事项，公司登记机关应当提供查询服务。

第二十四条 有限责任公司由五十个以下股东出资设立。

第七十二条 有限责任公司的股东之间可以相互转让其全部或者部分股权。

股东向股东以外的人转让股权，应当经其他股东过半数同意。股东应就其股权转让事项书面通知其他股东征求同意，其他股东自接到书面通知之日起满三十日未答复的，视为同意转让。其他股东半数以上不同意转让的，不同意的股东应当购买该转让的股权；不购买的，视为同意转让。

经股东同意转让的股权，在同等条件下，其他股东有优先购买权。两个以上股东主张行使优先购买权的，协商确定各自的购买比例；协商不成的，按照转让时各自的出资比例行使优先购买权。

公司章程对股权转让另有规定的，从其规定。

第七十九条 设立股份有限公司，应当有二人以上二百人以下为发起人，其中须有半数以上的发起人在中国境内有住所。

第九十三条第二款 以募集方式设立股份有限公司公开发行股票的，还应当向公司登记机关报送国务院证券监督管理机构的核准文件。

第一百二十六条 股份有限公司的资本划分为股份，每一股的金额相等。

公司的股份采取股票的形式。股票是公司签发的证明股东所持股份的凭证。

第一百三十九条 股东转让其股份，应当在依法设立的证券交易场所进行或者按照国务院规定的其他方式进行。

第一百四十二条第一款 发起人持有的本公司股份，自公司成立之日起一年内不得转让。公司公开发行股份前已发行的股份，自公司股票在证券交易所上市交易之日起一年内不得转让。

第一百九十九条 违反本法规定，虚报注册资本、提交虚假材料或者采取其他欺诈手段隐瞒重要事实取得公司登记的，由公司登记机关责令改正，对虚报注册资本的公司，处以虚报注册资本金额百分之五以上百分之十五以下的罚款；对提交虚假材料或者采取其他欺诈手段隐瞒重要事实的公司，处以五万元以上五十万元以下的罚款；情节严重的，撤销公司登记或者吊销营业执照。

中华人民共和国银行业监督管理法（摘要）

（2003 年 12 月 27 日第十届全国人民代表大会常务委员会第六次会议通过，根据2006 年 10 月 31 日第十届全国人民代表大会常务委员会第二十四次会议《关于修改〈中华人民共和国银行业监督管理法〉的决定》修正）

第二条 国务院银行业监督管理机构负责对全国银行业金融机构及其业务活动监督管理的工作。

本法所称银行业金融机构，是指在中华人民共和国境内设立的商业银行、城市信用合作社、农村信用合作社等吸收公众存款的金融机构以及政策性银行。

对在中华人民共和国境内设立的金融资产管理公司、信托投资公司、财务公司、金融租赁公司以及经国务院银行业监督管理机构批准设立的其他金融机构的监督管理，适用本法对银行业金融机构监督管理的规定。

国务院银行业监督管理机构依照本法有关规定，对经其批准在境外设立的金融机构以及前二款金融机构在境外的业务活动实施监督管理。

第十六条 国务院银行业监督管理机构依照法律、行政法规规定的条件和程序，审查批准银行业金融机构的设立、变更、终止以及业务范围。

第十九条 未经国务院银行业监督管理机构批准，任何单位或者个人不得设立银行业金融机构或者从事银行业金融机构的业务活动。

第四十四条 擅自设立银行业金融机构或者非法从事银行业金融机构的业务活动的，由国务院银行业监督管理机构予以取缔；构成犯罪的，依法追究刑事责任；尚不构成犯罪的，由国务院银行业监督管理机构没收违法所得，违法所得五十万元以上的，并处违法所得一倍以上五倍以下罚款；没有违法所得或者违法所得不足五十万元的，处五十万元以上二百万元以下罚款。

中华人民共和国证券法（摘要）

（1998 年 12 月 29 日第九届全国人民代表大会常务委员会第六次会议通过，根据2004 年 8 月 28 日第十届全国人民代表大会常务委员会第十一次会议《关于修改〈中华人民共和国证券法〉的决定》修正，2005 年 10 月 27 日第十届全国人民代表大会常务委员会第十八次会议修订）

第二条 在中华人民共和国境内，股票、公司债券和国务院依法认定的其他证券的发行和交易，适用本法；本法未规定的，适用《中华人民共和国公司法》和其他法律、行政法规的规定。

第七条 国务院证券监督管理机构依法对全国证券市场实行集中统一监督管理。

第十条 公开发行证券，必须符合法律、行政法规规定的条件，并依法报经国务院证券监督管理机构或者国务院授权的部门核准；未经依法核准，任何单位和个人不得公开发行证券。

有下列情形之一的，为公开发行：

（一）向不特定对象发行证券的；

（二）向累计超过二百人的特定对象发行证券；

（三）法律、行政法规规定的其他发行行为。

非公开发行证券，不得采用广告、公开劝诱和变相公开方式。

第三十七条 证券交易当事人依法买卖的证券，必须是依法发行并交付的证券。

非依法发行的证券，不得买卖。

第三十九条 依法公开发行的股票、公司债券及其他证券，应当在依法设立的证券交易所上市交易或者在国务院批准的其他证券交易场所转让。

第一百零二条 证券交易所是为证券集中交易提供场所和设施，组织和监督证券交易，实行自律管理的法人。

证券交易所的设立和解散，由国务院决定。

第一百二十二条 设立证券公司，必须经国务院证券监督管理机构审查批准。未经国务院证券监督管理机构批准，任何单位和个人不得经营证券业务。

第一百五十五条 证券登记结算机构是为证券交易提供集中登记、存管与结算服务，不以营利为目的的法人。

设立证券登记结算机构必须经国务院证券监督管理机构批准。

第一百六十九条第一款 投资咨询机构、财务顾问机构、资信评级机构、资产评估机构、会计师事务所从事证券服务业务，必须经国务院证券监督管理机构和有关主管部门批准。

第一百八十八条 未经法定机关核准，擅自公开或者变相公开发行证券的，责令停止发行，退还所募资金并加算银行同期存款利息，处以非法所募资金金额百分之一以上百分之五以下的罚款；对擅自公开或者变相公开发行证券设立的公司，由依法履行监督管理职责的机构或者部门会同县级以上地方人民政府予以取缔。对直接负责的主管人员和其他直接责任人员给予警告，并处以三万元以上三十万元以下的罚款。

第一百九十六条 非法开设证券交易场所的，由县级以上人民政府予以取缔，没收违法所得，并处以违法所得一倍以上五倍以下的罚款；没有违法所得或者违法所得不足十万元的，处以十万元以上五十万元以下的罚款。对直接负责的主管人员和其他直接责任人员给予警告，并处以三万元以上三十万元以下的罚款。

第一百九十七条 未经批准，擅自设立证券公司或者非法经营证券业务的，由证券监督管理机构予以取缔，没收违法所得，并处以违法所得一倍以上五倍以下的罚款；没有违法所得或者违法所得不足三十万元的，处以三十万元以上六十万元以下的罚款。对直接负责的主管人员和其他直接责任人员给予警告，并处以三万元以上三十万元以下的罚款。

第二百二十六条 未经国务院证券监督管理机构批准，擅自设立证券登记结算机构的，由证券监督管理机构予以取缔，没收违法所得，并处以违法所得一倍以上五倍以下的罚款。

投资咨询机构、财务顾问机构、资信评级机构、资产评估机构、会计师事务所未经批准，擅自从事证券服务业务的，责令改正，没收违法所得，并处以违法所得一倍以上五倍以下的罚款。

证券登记结算机构、证券服务机构违反本法规定或者依法制定的业务规则的，由证券监督管理机构责令改正，没收违法所得，并处以违法所得一倍以上五倍以下的罚款；没有违法所得或者违法所得不足十万元的，处以十万元以上三十万元以下的罚款；情节严重的，责令关闭或者撤销证券服务业务许可。

第二百三十八条 境内企业直接或者间接到境外发行证券或者将其证券在境外上市交易，必须经国务院证券监督管理机构依照国务院的规定批准。

中华人民共和国证券投资基金法（摘要）

（2003年10月28日第十届全国人民代表大会常务委员会第五次会议通过，自2004年6月1日起施行）

第二条 在中华人民共和国境内，通过公开发售基金份额募集证券投资基金（以下简称基金），由基金管理人管理，基金托管人托管，为基金份额持有人的利益，以资产组合方式进行证券投资活动，适用本法；本法未规定的，适用《中华人民共和国信托法》、《中华人民共和国证券法》和其他有关法律、行政法规的规定。

第十一条 国务院证券监督管理机构依法对证券投资基金活动实施监督管理。

第十二条 基金管理人由依法设立的基金管理公司担任。

担任基金管理人，应当经国务院证券监督管理机构核准。

第四十条 基金募集申请经核准后，方可发售基金份额。

第八十五条 未经国务院证券监督管理机构核准，擅自募集基金的，责令停止，返还所募资金和加计的银行同期存款利息，没收违法所得，并处所募资金金额百分之一以上百分之五以下罚款；构成犯罪的，依法追究刑事责任。

第八十六条 违反本法规定，未经批准，擅自设立基金管理公司的，由证券监督管理机构予以取缔，并处五万元以上五十万元以下罚款；构成犯罪的，依法追究刑事责任。

第八十七条 未经国务院证券监督管理机构核准，擅自从事基金管理业务或者基金托管业务的，责令停止，没收违法所得；违法所得一百万元以上的，并处违法所得一倍以上五倍以下罚款；没有违法所得或者违法所得不足一百万元的，并处十万元以上一百万元以下罚款；给基金财产或者基金份额持有人造成损害的，依法承担赔偿责任；对直接负责的主管人员和其他直接责任人员给予警告，并处三万元以上三十万元以下罚款；构成犯罪的，依法追究刑事责任。

中华人民共和国广告法（摘要）

（1994 年 10 月 27 日第八届全国人民代表大会常务委员会第十次会议通过，自 1995 年 2 月 1 日起施行）

第三条 广告应当真实、合法，符合社会主义精神文明建设的要求。

第四条 广告不得含有虚假的内容，不得欺骗和误导消费者。

第五条 广告主、广告经营者、广告发布者从事广告活动，应当遵守法律、行政法规，遵循公平、诚实信用的原则。

第六条 县级以上人民政府工商行政管理部门是广告监督管理机关。

第七条 广告内容应当有利于人民的身心健康，促进商品和服务质量的提高，保护消费者的合法权益，遵守社会公德和职业道德，维护国家的尊严和利益。

第二十四条 广告主自行或者委托他人设计、制作、发布广告，应当具有或者提供真实、合法、有效的下列证明文件：

（一）营业执照以及其他生产、经营资格的证明文件；

（二）质量检验机构对广告中有关商品质量内容出具的证明文件；

（三）确认广告内容真实性的其他证明文件。

依照本法第三十四条的规定，发布广告需要经有关行政主管部门审查的，还应当提供有关批准文件。

第二十七条 广告经营者、广告发布者依据法律、行政法规查验有关证明文件，核实广告内容。对内容不实或者证明文件不全的广告，广告经营者不得提供设计、制作、代理服务，广告发布者不得发布。

第三十四条 利用广播、电影、电视、报纸、期刊以及其他媒介发布药品、医疗器械、农药、兽药等商品的广告和法律、行政法规规定应当进行审查的其他广告，必须在发布前依照有关法律、行政法规由有关行政主管部门（以下简称广告审查机关）对广告内容进行审查；未经审查，不得发布。

第三十五条 广告主申请广告审查，应当依照法律、行政法规向广告审查机关提交有关证明文件。广告审查机关应当依照法律、行政法规作出审查决定。

第三十七条 违反本法规定，利用广告对商品或者服务作虚假宣传的，由广告监督管理机关责令广告主停止发布，并以等额广告费用在相应范围内公开更正消除影响，并处广告费用一倍以上五倍以下的罚款；对负有责任的广告经营者、广告发布者没收广告费用，并处广告费用一倍以上五倍以下的罚款；情节严重的，依法停止其广告业务。构成犯罪的，依法追究刑事责任。

第三十八条 违反本法规定，发布虚假广告，欺骗和误导消费者，使购买商品或者接受服务的消费者的合法权益受到损害的，由广告主依法承担民事责任；广告经营者、广告发布者明知或者应知广告虚假仍设计、制作、发布的，应当依法承担连带责任。

广告经营者、广告发布者不能提供广告主的真实名称、地址的，应当承担全部民事责任。

社会团体或者其他组织，在虚假广告中向消费者推荐商品或者服务，使消费者的合法权益受到损害的，应当依法承担连带责任。

第四十三条 违反本法第三十四条的规定，未经广告审查机关审查批准，发布广告的，由广告监督管理机关责令负有责任的广告主、广告经营者、广告发布者停止发布，没收广告费用，并处广告费用一倍以上五倍以下的罚款。

非法金融机构和非法金融业务活动取缔办法

（1998年7月13日中华人民共和国国务院令第247号发布，自发布之日起施行）

第一章　总　　则

第一条　为了取缔非法金融机构和非法金融业务活动，维护金融秩序，保护社会公众利益，制定本办法。

第二条　任何非法金融机构和非法金融业务活动，必须予以取缔。

第三条　本办法所称非法金融机构，是指未经中国人民银行批准，擅自设立从事或者主要从事吸收存款、发放贷款、办理结算、票据贴现、资金拆借、信托投资、金融租赁、融资担保、外汇买卖等金融业务活动的机构。

非法金融机构的筹备组织，视为非法金融机构。

第四条　本办法所称非法金融业务活动，是指未经中国人民银行批准，擅自从事的下列活动：

（一）非法吸收公众存款或者变相吸收公众存款；

（二）未经依法批准，以任何名义向社会不特定对象进行的非法集资；

（三）非法发放贷款、办理结算、票据贴现、资金拆借、信托投资、金融租赁、融资担保、外汇买卖；

（四）中国人民银行认定的其他非法金融业务活动。

前款所称非法吸收公众存款，是指未经中国人民银行批准，向社会不特定对象吸收资金，出具凭证，承诺在一定期限内还本付息的活动；所称变相吸收公众存款，是指未经中国人民银行批准，不以吸收公众存款的名义，向社会不特定对象吸收资金，但承诺履行的义务与吸收公众存款性质相同的活动。

第五条　未经中国人民银行依法批准，任何单位和个人不得擅自设立金融机构或者擅自从事金融业务活动。

对非法金融机构和非法金融业务活动，工商行政管理机关不予办理登记。

对非法金融机构和非法金融业务活动，金融机构不予开立账户、办理结算和提供贷款。

第六条 非法金融机构和非法金融业务活动由中国人民银行予以取缔。

非法金融机构设立地或者非法金融业务活动发生地的地方人民政府，负责组织、协调、监督与取缔有关的工作。

第七条 中国人民银行依法取缔非法金融机构和非法金融业务活动，任何单位和个人不得干涉，不得拒绝、阻挠。

第八条 中国人民银行工作人员在履行取缔非法金融机构和非法金融业务活动的职责中，应当依法保守秘密。

第二章 取缔程序

第九条 对非法金融机构、非法吸收公众存款或者变相吸收公众存款以及非法集资，中国人民银行一经发现，应当立即调查、核实；经初步认定后，应当及时提请公安机关依法立案侦查。

第十条 在调查、侦查非法金融机构和非法金融业务活动的过程中，中国人民银行和公安机关应当互相配合。

第十一条 对非法金融机构和非法金融业务活动的犯罪嫌疑人、涉案资金和财产，由公安机关依法采取强制措施，防止犯罪嫌疑人逃跑和转移资金、财产。

第十二条 对非法金融机构和非法金融业务活动，经中国人民银行调查认定后，作出取缔决定，宣布该金融机构和金融业务活动为非法，责令停止一切业务活动，并予公告。

第十三条 中国人民银行发现金融机构为非法金融机构或者非法金融业务活动开立账户、办理结算和提供贷款的，应当责令该金融机构立即停止有关业务活动。任何单位和个人不得擅自动用有关资金。

设立非法金融机构或者从事非法金融业务活动骗取工商行政管理机关登记的，一经发现，工商行政管理机关应当立即注销登记或者变更登记。

第十四条 中国人民银行对非法金融机构和非法金融业务活动进行调查时，被调查的单位和个人必须接受中国人民银行依法进行的调查，如实反映情况，提供有关资料，不得拒绝、隐瞒。

第十五条 中国人民银行调查非法金融机构和非法金融业务活动时，对与案件有关的情况和资料，可以采取记录、复制、录音等手段取得证据。

在证据可能灭失或者以后难以取得的情况下，中国人民银行可以依法先行登记保存，当事人或者有关人员不得销毁或者转移证据。

第三章 债权债务的清理清退

第十六条 因非法金融业务活动形成的债权债务，由从事非法金融业务活动的机构负责清理清退。

第十七条 非法金融机构一经中国人民银行宣布取缔，有批准部门、主管单位或者组建单位的，由批准部门、主管单位或者组建单位负责组织清理清退债权债务；没有批准部门、主管单位或者组建单位的，由所在地的地方人民政府负责组织清理清退债权债务。

第十八条 因参与非法金融业务活动受到的损失，由参与者自行承担。

第十九条 非法金融业务活动所形成的债务和风险，不得转嫁给未参与非法金融业务活动的国有银行和其他金融机构以及其他任何单位。

第二十条 债权债务清理清退后，有剩余非法财物的，予以没收，就地上缴中央金库。

第二十一条 因清理清退发生纠纷的，由当事人协商解决；协商不成的，通过司法程序解决。

第四章 罚 则

第二十二条 设立非法金融机构或者从事非法金融业务活动，构成犯罪的，依法追究刑事责任；尚不构成犯罪的，由中国人民银行没收非法所得，并处非法所得 1 倍以上 5 倍以下的罚款；没有非法所得的，处 10 万元以上 50 万元以下的罚款。

第二十三条 擅自批准设立非法金融机构或者擅自批准从事非法金融业务活动的，对直接负责的主管人员和其他直接责任人员依法给予行政处分；构成犯罪的，依法追究刑事责任。

第二十四条 金融机构违反规定，为非法金融机构或者非法金融业务活动开立账户、办理结算或者提供贷款的，由中国人民银行责令改正，没收违法所得，并处违法所得1倍以上5倍以下的罚款；没有违法所得的，处10万元以上50万元以下的罚款；对直接负责的主管人员和其他直接责任人员依法给予纪律处分；构成犯罪的，依法追究刑事责任。

第二十五条 拒绝、阻碍中国人民银行依法执行职务，构成犯罪的，依法追究刑事责任；尚不构成犯罪的，由公安机关依法给予治安管理处罚。

第二十六条 中国人民银行工作人员在履行取缔非法金融机构和非法金融业务活动的职责中泄露秘密的，依法给予行政处分；构成犯罪的，依法追究刑事责任。

第二十七条 中国人民银行、公安机关和工商行政管理机关工作人员玩忽职守、滥用职权、徇私舞弊，构成犯罪的，依法追究刑事责任；尚不构成犯罪的，依法给予行政处分。

中国人民银行工作人员对非法金融机构和非法金融业务活动案件，应当移交公安机关而不移交，构成犯罪的，依法追究刑事责任；尚不构成犯罪的，依法给予行政处分。

第五章 附 则

第二十八条 取缔非法证券机构和非法证券业务活动参照本办法执行，由中国证券监督管理委员会负责实施，并可以根据本办法的原则制定具体实施办法。

取缔非法商业保险机构和非法商业保险业务活动参照本办法执行，由国务院商业保险监督管理部门负责实施，并可以根据本办法的原则制定具体实施办法。

第二十九条 本办法施行前设立的各类基金会、互助会、储金会、资金服务部、股金服务部、结算中心、投资公司等机构，超越国家政策范围，从事非法金融业务活动的，应当按照国务院的规定，限期清理整顿。超过规定期限继续从事非法金融业务活动的，依照本办法予以取缔；情节严重，构成犯罪的，依法追究刑事责任。

第三十条 本办法自发布之日起施行。

期货交易管理条例（摘要）

（2007年2月7日国务院第168次常务会议通过，2007年3月6日国务院令第489号公布，自2007年4月15日起施行）

第四条 期货交易应当在依法设立的期货交易所或者国务院期货监督管理机构批准的其他交易场所进行。

禁止在国务院期货监督管理机构批准的期货交易场所之外进行期货交易，禁止变相期货交易。

第五条第一款 国务院期货监督管理机构对期货市场实行集中统一的监督管理。

第六条 设立期货交易所，由国务院期货监督管理机构审批。

未经国务院期货监督管理机构批准，任何单位或者个人不得设立期货交易所或者以任何形式组织期货交易及其相关活动。

第十五条 期货公司是依照《中华人民共和国公司法》和本条例规定设立的经营期货业务的金融机构。设立期货公司，应当经国务院期货监督管理机构批准，并在公司登记机关登记注册。

未经国务院期货监督管理机构批准，任何单位或者个人不得设立或者变相设立期货公司，经营期货业务。

第二十三条 从事期货投资咨询以及为期货公司提供中间介绍等业务的其他期货经营机构，应当取得国务院期货监督管理机构批准的业务资格，具体管理办法由国务院期货监督管理机构制定。

第七十八条 任何单位或者个人非法设立或者变相设立期货交易所、期货公司及其他期货经营机构，或者擅自从事期货业务，或者组织变相期货交易活动的，予以取缔，没收违法所得，并处违法所得1倍以上5倍以下的罚款；没有违法所得或者违法所得不满20万元的，处20万元以上100万元以下的罚款。对直接负责的主管人员和其他直接责任人员给予警告，并处1万元以上10万元以下的罚款。

二、国务院规范性文件

国务院办公厅关于依法惩处非法集资有关问题的通知

（2007 年 7 月 25 日　国办发明电［2007］34 号）

各省、自治区、直辖市人民政府，国务院各部委、各直属机构：

近年来，非法集资在我国许多地区重新抬头，并向多领域和职业化发展。2006 年，全国公安机关立案侦查的非法集资案件 1999 起，涉案总价值 296 亿元。2007 年 1 月至 3 月，仅非法吸收公众存款、集资诈骗两类案件就立案 342 起，涉案总价值 59. 8 亿元，分别较去年同期上升 101. 2% 和 482. 3%。若不采取切实有效措施予以治理整顿，势必造成更大的社会危害。为了维护正常的经济社会秩序，保护人民群众的合法权益，促进国民经济又好又快发展，经国务院同意，现就依法惩处非法集资有关问题通知如下：

一、充分认识非法集资的社会危害性，坚决遏制非法集资案件高发势头

非法集资涉及面广，危害极大。一是扰乱了社会主义市场经济秩序。非法集资活动以高回报为诱饵，以骗取资金为目的，破坏了金融秩序，影响金融市场的健康发展。二是严重损害群众利益，影响社会稳定。非法集资有很强的欺骗性，容易蔓延，犯罪分子骗取群众资金后，往往大肆挥霍或迅速转移、隐匿，使受害者（多数是下岗工人、离退休人员）损失惨重，极易引发群体事件，甚至危害社会稳定。三是损害了政府的声誉和形象。非法集资活动往往以“响应国家林业政策”、“支持生态环境保护”等为名，行违法犯罪之实，既影响了国家政策的贯彻执行，又严重损害了政府的声誉和形象。

为切实做好依法惩处非法集资工作，国务院批准建立了由银监会牵头的“处置非法集资部际联席会议”（以下简称“联席会议”）制度。地方各级人民政府、有关部门务必统一思想，提高认识，共同做好工作。要把思想和行动统一到国务院的部署和要求上来，统一到维护国家经济安全、社会稳定与构建和谐社会的大局上来，充分认识非法集资的危害性，加强组织领导，周密部署，果断处置，有效遏制非法集资案件高发势头。

二、当前非法集资的主要形式和特征

非法集资情况复杂，表现形式多样。有的打着“支持地方经济发展”、“倡导绿色、健康消费”等旗号，有的引用产权式返租、电子商务、电子黄金、投资基金等新概念，手段隐蔽，欺骗性很强。从目前案发情况看，非法集资大致可划分为债权、股权、商品营销、生产经营等四大类。2006 年，以生产经营合作为名的非法集资涉案价值占全部非法集资案件涉案价值的 60% 以上，需要引起高度关注。

非法集资的主要特征：一是未经有关监管部门依法批准，违规向社会（尤其是向不特定对象）筹集资金。如未经批准吸收社会资金；未经批准公开、非公开发行股票、债券等。二是承诺在一定期限内给予出资人货币、实物、股权等形式的投资回报。有的犯罪分子以提供种苗等形式吸收资金，承诺以收购或包销产品等方式支付回报；有的则以商品销售的方式吸收资金，以承诺返租、回购、转让等方式给予回报。三是以合法形式掩盖非法集资目的。为掩饰其非法目的，犯罪分子往往与受害者签订合同，伪装成正常的生产经营活动，最大限度地实现其骗取资金的最终目的。

三、地方人民政府要切实担负起依法惩处非法集资的责任，确保社会稳定

省级人民政府要把依法惩处非法集资列入重要工作议程，加快建立健全本地区依法惩处非法集资的工作机制和工作制度，做好相关工作。一是加强监测预警。要对本地区的非法集资问题保持高度警惕，进行全程监测，主动排查风险，做到早发现，早预警，防患于未然。二是及时调查取证。发现问题后，要组织当地银监、公安、工商等部门提前介入，开展调查取证工作。对社会影响

大、性质恶劣的非法集资案件，要采取适当预防措施，控制涉案人员和资产，保护证据，防止事态扩大和失控。同时，要制定风险处置预案，防止引发群体性事件。三是果断处置。对于事实清楚且可以定性的非法集资，要果断采取措施，依法妥善处置；难以定性的，要及时上报“联席会议”组织认定。涉及多个地区的，有关省级人民政府之间要加强沟通协调，共同做好相关工作。省级人民政府要及时总结经验，依据国家法律法规，参照各行业主管、监管部门的政策规定，制定本地区相关规章，为依法惩处非法集资工作提供法制保障。

四、有关部门要加强协调，认真做好依法惩处非法集资工作

依法惩处非法集资工作政策性强，情况复杂，有关方面要加强协调，齐抓共管。有关部门要逐步建立健全反应灵敏、配合密切、应对有力的工作机制，增强工作的针对性和有效性。行业主管、监管部门要将防控本行业非法集资作为监督管理的重要内容，指定专门机构和人员负责，建立日常信息沟通渠道和工作协调机制，认真做好非法集资情况的监测预警工作。一旦发现非法集资苗头，应及时商省级人民政府依法妥善处置，并通报“联席会议”。要抓紧制定和完善本行业防范、监控和处置非法集资的规章及行业标准。“联席会议”要加大工作力度，对近年来非法集资案件进行深入分析，集中力量查处典型案件，严惩首恶，教育胁从，维护人民群众的权益。银监会作为“联席会议”的牵头部门，要主动与有关部门和地方人民政府加强沟通，切实做好组织协调工作。

要坚持预防为主的方针，加大工作力度，加强宣传教育，改善金融服务，逐步构建疏堵并举、防治结合的综合治理长效机制。对于近年来非法集资案件多发的行业，要主动开展风险排查，防止风险进一步积聚。有关行业主管、监管部门要尽快公布举报电话、信箱和电子邮箱，通过有奖举报等方式鼓励公众参与，在门户网站上开辟专门的投资者教育园地，探索建立风险提示和预警的长效机制。要加强对广告的监督管理，依法落实广告审查制度，加强监督检查，对检查发现、群众举报、媒体披露的线索要及时调查核实，对发布非法集资广告的当事人和有关责任人要严肃查处。

五、加强舆论引导和法制宣传，提高公众对非法集资的识别能力

银监会要牵头制订宣传教育规划，充分利用报刊、电视、广播、互联网等

传媒手段，宣传依法惩处非法集资的法律法规，通报非法集资的新形式和新特点，提示风险，提高社会公众的风险意识和识别能力，引导其远离非法集资。要加大对典型案件的公开报道力度，以专栏文章、专题节目等方式揭露犯罪分子的惯用伎俩，震慑犯罪分子，形成对非法集资的强大舆论攻势。要在广大农村、城市街道、社区、车站等公共场所设置宣传栏，张贴宣传画，扩大覆盖面，强化宣传效果。要按照国务院的统一部署，组织协调相关部门开展宣传教育活动，正确引导社会舆论。地方人民政府要进一步根据本地区的特点，加强舆论引导和法制宣传。

三、部门规章及规范性文件

商品房销售管理办法（摘要）

（2001 年 3 月 14 日经建设部第 38 次部常务会议审议通过，2001 年 4 月 4 日建设部 88 号令发布，自 2001 年 6 月 1 日起施行）

第十一条 房地产开发企业不得采取返本销售或者变相返本销售的方式销售商品房。

房地产开发企业不得采取售后包租或者变相售后包租的方式销售未竣工商品房。

第十二条 商品住宅按套销售，不得分割拆零销售。

第四十二条 房地产开发企业在销售商品房中有下列行为之一的，处以警告，责令限期改正，并可处以 1 万元以上 3 万元以下罚款。

（一）未按照规定的现售条件现售商品房的；

（二）未按照规定在商品房现售前将房地产开发项目手册及符合商品房现售条件的有关证明文件报送房地产开发主管部门备案的；

（三）返本销售或者变相返本销售商品房的；

（四）采取售后包租或者变相售后包租方式销售未竣工商品房的；

（五）分割拆零销售商品住宅的；

（六）不符合商品房销售条件，向买受人收取预订款性质费用的；

（七）未按照规定向买受人明示《商品房销售管理办法》、《商品房买卖合同示范文本》、《城市商品房预售管理办法》的；

（八）委托没有资格的机构代理销售商品房的。

第四十五条 本办法所称返本销售，是指房地产开发企业以定期向买受人返还购房款的方式销售商品房的行为。

本办法所称售后包租，是指房地产开发企业以在一定期限内承租或者代为出租买受人所购该企业商品房的方式销售商品房的行为。

本办法所称分割拆零销售，是指房地产开发企业以将成套的商品住宅分割为数部分分别出售给买受人的方式销售商品住宅的行为。

典当管理办法（摘要）

（2005 年 2 月 9 日　商务部公安部 2005 年第 8 号令）

第三条 本办法所称典当，是指当户将其动产、财产权利作为当物质押或者将其房地产作为当物抵押给典当行，交付一定比例费用，取得当金，并在约定期限内支付当金利息、偿还当金、赎回当物的行为。

本办法所称典当行，是指依照本办法设立的专门从事典当活动的企业法人，其组织形式与组织机构适用《中华人民共和国公司法》的有关规定。

第四条 商务主管部门对典当业实施监督管理，公安机关对典当业进行治安管理。

第五条 典当行的名称应当符合企业名称登记管理的有关规定。典当行名称中的行业表述应当标明“典当”字样。其他任何经营性组织和机构的名称不得含有“典当”字样，不得经营或者变相经营典当业务。

第二十六条 典当行不得经营下列业务：

（一）非绝当物品的销售以及旧物收购、寄售；

（二）动产抵押业务；

（三）集资、吸收存款或者变相吸收存款；

（四）发放信用贷款；

（五）未经商务部批准的其他业务。

第二十八条 典当行不得有下列行为：

（一）从商业银行以外的单位和个人借款；

（二）与其他典当行拆借或者变相拆借资金；

（三）超过规定限额从商业银行贷款；

（四）对外投资。

第五十九条 典当行违反本办法第二十六条第（三）、（四）项规定，构成犯罪的，依法追究刑事责任。

第六十条 典当行违反本办法第二十八条第（一）、（二）、（三）项或者第四十四条第（一）、（二）、（五）项规定的，由省级商务主管部门责令改正，并处5000元以上3万元以下罚款；构成犯罪的，依法追究刑事责任。

融资性担保公司管理暂行办法（摘要）

（2010年3月8日 中国银监会等七部委令2010年第3号）

第七条 融资性担保公司由省、自治区、直辖市人民政府实施属地管理。省、自治区、直辖市人民政府确定的监管部门具体负责本辖区融资性担保公司的准入、退出、日常监管和风险处置，并向国务院建立的融资性担保业务监管部际联席会议报告工作。

第八条 设立融资性担保公司及其分支机构，应当经监管部门审查批准。

经批准设立的融资性担保公司及其分支机构，由监管部门颁发经营许可证，并凭该许可证向工商行政管理部门申请注册登记。

任何单位和个人未经监管部门批准不得经营融资性担保业务，不得在名称中使用融资性担保字样，法律、行政法规另有规定的除外。

第二十一条 融资性担保公司不得从事下列活动：

（一）吸收存款。

（二）发放贷款。

（三）受托发放贷款。

（四）受托投资。

（五）监管部门规定不得从事的其他活动。

融资性担保公司从事非法集资活动的，由有关部门依法予以查处。

第四十九条 融资性担保公司违反法律、法规及本办法规定，有关法律、法规有处罚规定的，依照其规定给予处罚；有关法律、法规未作处罚规定的，由监管部门责令改正，可以给予警告、罚款；构成犯罪的，依法追究刑事责任。

第五十条 违反本办法第八条第三款规定，擅自经营融资性担保业务的，由有关部门依法予以取缔并处罚；擅自在名称中使用融资性担保字样的，由监管部门责令改正，依法予以处罚。

国家工商行政管理局关于查处企业以招商等名义非法集资有关问题的紧急通知

（1998 年 11 月 25 日 工商企字［1998］第 272 号）

各省、自治区、直辖市及计划单列市工商行政管理局：

最近，发现有些企业以招商名义开展非法集资活动，有的已经造成了严重后果。为杜绝类似情况再度发生，现将有关问题通知如下：

一、各级工商行政管理机关要严格按规定核定企业经营范围，不得核定“招商”以及类似的不规范用语；未经中国人民银行批准，不得核准从事金融业务。对已经核准的，应依有关规定立即纠正。

二、各级工商行政管理机关要对辖区内企业以招商等名义从事非法集资活动的情况进行一次检查，一经发现此类活动，应商金融管理部门，依法坚决查处。

三、纠正和查处情况，请及时报国家工商行政管理局。

国家工商行政管理局关于立即查处庄园、果园“招商”广告的通知

（1998年11月30日　工商广字［1998］第284号）

各省、自治区、直辖市及计划单列市工商行政管理局：

近来，一些庄园、果园打着发展“三高”农业的旗号，利用开发名义，以较高投资回报率为诱饵，在一些媒介发布“招商”广告。这种“招商”方式，向社会不特定对象吸收资金，并提供较高的投资回报率，违反了《国务院关于坚决制止乱集资和加强债券发行管理的通知》（国发［1993］24号）、《国务院关于清理有偿集资活动坚决制止乱集资问题的通知》（国发［1993］62号）、《非法金融机构和非法金融业务活动取缔办法》（国务院［1998］247号令）等国家法令和国务院有关文件的规定。

各地工商行政管理机关应立即通知广告经营单位，停止发布上述庄园、果园“招商”广告；对已经发布此类庄园、果园“招商”广告的广告主、广告经营者、广告发布者，要进行一次检查清理，并依法查处。

国土资源部　司法部　中国人民银行国家工商行政管理局关于加强对“果园、庄园”等农林开发活动管理的通知

（1999年1月29日　国土资发［1999］40号）

各省、自治区、直辖市土地（国土）管理局（厅）、司法厅（局）、工商行政管理局，中国人民银行各分行、中国人民银行北京营业管理部、重庆营业管理部：

近年来，广东、海南等地一些开发商以农林开发的名义，从农民集体或县乡政府手中取得成片土地，然后分割转让、转租，进行招商引资和“果园、庄园”开发。由于管理不到位，出现了用地不规范、非法集资、虚假广告误导等问题。为加强“果园、庄园”等农林开发管理，整顿用地秩序，防范金融风险，现就有关问题通知如下：

一、中国人民银行各级分支机构要在认真贯彻执行《关于严禁利用庄园开发进行非法集资的紧急通知》（银发［1998］509号）的基础上，根据《非法金融机构和非法金融业务活动取缔办法》（国务院［1998］247号令）和《国务院办公厅转发中国人民银行整顿乱集资乱批设金融机构和乱办金融业务活动实施方案的通知》（国办发［1998］126号）精神，继续加大对“果园、庄园”等开发中非法集资的监管和查处力度，坚决取缔“未经依法批准，以任何名义向社会不特定对象进行的集资”。

二、各级工商行政管理机关要严格按规定核定企业经营范围，不得使用“招商”等不规范用语，未经中国人民银行批准，不得核准从事金融业务；坚决查处开发企业的超范围经营活动，积极配合人民银行对非法集资的取缔工作，对非法集资的企业，一经查实，坚决吊销其营业执照。

以吸收股东开发“果园、庄园”的，不论以转让、转租土地使用权方式，还是以其他方式增加新的股东，均应按《公司法》的规定，办理登记注册手续，其中以社会募集股份形式吸收股东投资进行土地开发的，应按《公司法》的规定，经国务院证券管理部门批准后，由工商行政管理机关办理登记。

各级工商行政管理机关对与“果园、庄园”开发经营活动的有关广告，要依法加强监管。“果园、庄园”的开发经营广告，必须同时说明其开发经营风险。对以转让、转租土地为名，向社会不特定对象进行集资、承诺回报的广告，要及时予以制止，并严肃查处。

三、各级土地管理部门要切实加强“果园、庄园”等农林开发项目用地的审批管理。开发必须符合土地利用总体规划和土地开发规划、计划，土地权属和地类必须经过严格认定，不得以任何借口占用土地利用总体规划确定的不宜开发土地进行开发。“果园、庄园”等农林开发项目用地要严格按《土地管理法》的有关规定，经县级以上土地行政主管部门批准，办理相应的用地手续，任何单位和个人不得私自与农村集体经济组织签订用地协议，禁止征用农民集体土地搞农林开发项目。开发必须严格按照批准的农林用途使用土地，严禁改变用途搞房地产开发，确需配套进行非农建设的，要严格办理建设用地审批，凡未经批准，擅自以可建“别墅”、“庄园”、“度假屋”等为名吸引投资和开工建设的，均属违法行为，要严肃查处。

四、加强对“果园、庄园”等农林开发项目用地的转让、转租管理，未经批准，不得擅自进行分割转让、转租。通过出让方式取得的国有土地使用权或以拍卖方式取得的集体所有“四荒”地使用权，在交清全部土地价款，完成前期开发后，方可依法转让、出租、抵押，但首次转让、出租、抵押时，土地出让合同的履行情况必须经土地行政主管部门审核确认，不符合条件的，不得转让、出租、抵押；以租赁、承包或其他方式取得的土地使用权，未经土地行政主管部门批准，不得转让、出租、抵押，未经原集体经济组织三分之二以上成员同意，本集体经济组织以外的单位和个人承包的集体土地不得转包、分包。

五、加强“果园、庄园”等农林开发项目用地的产权管理。开发用地批准后，开发商应按规定到县级以上土地管理部门办理土地登记，领取土地证书，土地证书中应注明土地规划条件和土地转让、转租的限定条件。属于出让、划拨、租赁方式取得国有土地使用权的，领取《国有土地使用证》；属于拍卖、租赁、承包经营方式取得集体“四荒”地使用权的，领取《集体土地使用证》。开发商依法转让开发用地的，必须在与投资者签订合同后，按规定到县级以上土地行政主管部门办理变更登记。

六、投资开发“果园、庄园”等农林开发项目，要正确运用公证手段进行法律服务和监督。各地公证处在办理有关公证事项时，既要严格按规定的公证程序进行，又要按照真实、合法的原则，认真进行实质性审查，严格依法办证；同时，要严肃纪律，不得办“关系证”、“人情证”。各级公证管理机构要切实加强对公证处办理此类公证的指导监督，一旦发现问题，应当及时纠正；要及时总结推广成功经验，使这类公证的办理不断规范化、制度化，切实发挥公证在加强“果园、庄园”开发管理中的法律服务和保障作用。

七、各地要抓紧清理整顿已有的农林开发项目，重点清理整顿各种“果园”、“庄园”开发项目，按“谁批准，谁负责”的原则，妥善处理存在的问题，规范开发活动，并于1999年3月31日前将清理整顿和规范情况上报国土资源部、司法部、中国人民银行和国家工商行政管理局，在整顿和规范工作完成之前，各地要暂停“庄园、果园”开发企业、开发项目和用地的审批，暂停对设立“庄园、果园”的公证。

中国人民银行　国家工商行政管理局
关于加强对咨询企业的管理
维护金融秩序有关问题的通知

（1999 年 12 月 3 日　银发［1999］415 号）

中国人民银行各分行、营业管理部；各省、自治区、直辖市工商行政管理局：

近年来，各类咨询企业不断增加，有些企业在名称中含有“金融咨询”或者“借贷咨询”等字样；有些企业以从事金融咨询业务名义非法从事金融业务，并收取高额中介费用，严重扰乱了金融秩序。为加强金融监管，防止咨询企业以金融咨询等名义非法从事金融业务，维护金融秩序，现就有关问题通知如下：

一、各级工商行政管理机关在核准的各类咨询企业以及其他非金融性企业名称中不得含有类似“金融”、“借贷”等字样。

二、对咨询企业以及其他非金融性企业，各级工商行政管理机关不得在其经营范围中核定类似借贷、结算、见证等金融业务，不予核准金融咨询、借贷咨询业务。防止企业以金融资询等名义非法从事金融业务。

三、对已经登记注册含有“金融”、“借贷”等字样的名称和经营范围中有上述金融业务的咨询企业以及其他非金融性企业，登记主管机关应在 1999 年度年检时责令其办理变更登记。

四、中国人民银行各分支行要负责与本辖区工商行政管理机关进行协调，对以金融咨询等名义非法从事金融业务的咨询企业以及其他非金融性企业予以取缔，由工商行政管理部门依法吊销其营业执照。

国家林业局关于正确引导社会投资造林加强内部监督管理有关问题的通知

（2005年12月7日　林策发［2005］208号）

各省、自治区、直辖市林业厅（局），内蒙古、吉林、龙江、大兴安岭森工（林业）集团（公司），新疆生产建设兵团林业局：

我局于2004年12月11日下发了《国家林业局关于合作（托管）造林有关问题的通知》（林策发［2004］228号），对进一步宣传林业政策和法律，指导各类社会主体投资发展林业，加强林业管理，维护社会投资发展林业的积极性起到了一定的作用。为了进一步正确引导现阶段社会投资造林，强化林业内部监督管理，维护投资者的合法权益，现再就有关问题通知如下：

一、要高度重视“合作（托管）造林”等社会投资造林问题

新形势下出现的以“合作（托管）造林”等社会投资造林方式参与林业开发、从事林业建设现象，由于涉及面广，社会影响大，一旦发生违法违纪问题，不仅会影响到社会投资造林、发展林业的成果，而且会影响到社会的安定。各级林业主管部门务必从践行“三个代表”重要思想的高度，深刻认识现阶段加强社会投资造林管理的重要性和必要性。对于“合作（托管）造林”等社会投资造林活动中出现的各种问题，各级林业主管部门要抓紧研究，妥善处理。对属于林业主管部门自身职责范围内的问题，要抓好自查自纠，坚持依法行政，及时妥善解决；属于职责范围外的问题，要及时向同级人民政府和上级林业主管部门汇报，积极沟通，加强协调，密切配合，抓紧处理，避免造成不利影响。

二、要继续加大林业政策和法律的宣传力度

各级林业主管部门要按照林策发［2004］228号文件确定的宣传重点，进

一步明确宣传内容和要求，并结合当地实际，采取多种形式，向社会公众广泛宣传林业的政策和法律。有条件的地方，要按照《国家林业局办公室关于开设社会造林政策专题网页的通知》（办策字［2005］25 号）的要求，链接或参照国家林业局网站上“社会造林政策”专题网页，建立有地方特色的网页，扩大宣传范围，增强宣传时效，保障社会公众对林业政策和法律的知情权。各种林业报刊、网站等新闻媒体，要加大林业政策和法律的宣传力度，使社会公众正确了解社会投资造林有关问题，把社会投资造林这项事业引导好、实施好。刊登涉及“合作（托管）造林”内容的广告、宣传报道，必须严格遵守有关法律和规定，不得刊登虚假广告，不得报道虚假新闻，以防止出现误导广大林业投资者的行为。

三、要依法规范林权管理工作

林权证是确认森林、林木和林地所有权或者使用权的法律凭证，也是确认农村林地承包经营权的法律凭证。各级林业主管部门要依法履行林权登记发证的有关职责，严格依法行政，加强林权登记管理，认真做好林权初始、变更和注销登记，切实提高工作质量。近期，各地要组织力量，对因“合作（托管）造林”发放的林权证进行重点审核复查，如有违法发放林权证的，应依法进行纠正。

四、要加强林业工作人员的监督管理

当前，有的“合作（托管）造林”公司从自身利益出发，为了增强其经营活动的可信度，吸收了一些林业主管部门、企事业单位的在职人员参与其活动，给社会公众造成了一定程度的误导和影响。因此，各级林业主管部门必须统一思想，提高认识，切实加强系统内部的监督管理，认真按照有关规定，严禁各级林业主管部门、事业单位及其工作人员以各种形式参与“合作（托管）造林”等经营活动，不准违法为有关“合作（托管）造林”公司提供便利。各级林业主管部门、事业单位的离、退休人员，也不得违法违纪参与“合作（托管）造林”活动。各级林业主管部门要加大纪检监察力度，对违法违纪参与“合作（托管）造林”经营活动的林业单位和个人，要责令其立即退出，并按有关规定进行严肃处理。

以上通知，请各地认真遵照执行。

国家工商行政管理总局、中国银行业监督管理委员会、国家广播电影电视总局、新闻出版总署关于处置非法集资活动中加强广告审查和监管工作有关问题的通知

（2007年7月25日　工商广字［2007］190号）

非法集资活动严重扰乱经济和社会秩序，影响社会稳定，必须严厉打击。目前的非法集资活动，主要涉及债权、股权、商品营销、生产经营等领域，包括非法吸收公众存款、集资诈骗、非法销售上市公司股票、非法发行债券等形式。一些非法集资活动利用广告扩大影响，对非法集资活动起到推波助澜作用；有的非法集资活动变换手法，以招商、经营等形式为幌子，欺骗和诱导群众参与，其广告的隐蔽性强，给广告经营单位的审查、广告监管机关的管理以及公众识别造成很大难度。处置非法集资活动政策性强，涉及面广，敏感度高，为贯彻落实国务院研究处置非法集资工作会议精神，及时制止涉嫌非法集资活动广告，有效打击非法集资活动，根据国家法律有关规定，现就处置非法集资活动中涉及广告审查和监管工作有关问题通知如下：

一、各有关单位要充分认识非法集资活动广告的危害性，重视和加强对非法集资活动广告的审查和管理。未经国家有关部门批准，以吸收存款、发行股票、债券、彩票、投资基金或者其他债权凭证的形式，向社会公众募集资金的活动，不得以任何方式发布广告。

二、禁止发布含有或者涉及下列活动内容的广告：

（一）未经国家有关部门批准的非金融单位和个人以支付或变相支付利息、红利或者给予定期分配实物等融资活动；

（二）房地产、产权式商铺的售后包租、返租销售活动；

（三）内部职工股、原始股、投资基金以及其他未经过证监会核准，公开

或者变相公开发行证券的活动；

（四）未经批准，非法经营证券业务的活动；

（五）地方政府直接向公众发行债券的活动；

（六）除国家有关部门批准发行的福利彩票、体育彩票之外的彩票发行活动；

（七）以购买商品或者发展会员为名义获利的活动；

（八）其他未经国家有关部门批准的社会集资活动。

三、发布涉及投资咨询业务、金融咨询、贷款咨询、代客理财、代办金融业务活动的广告，广告发布者应当确认广告主的主体资格，查验广告主营业执照是否具有相应的经营范围。

四、商品营销、生产经营活动的广告不得出现保本、保证无风险等内容。房地产销售、造林、种养殖、加工承揽、项目开发等招商广告，不得涉及投资回报、收益、集资或者变相集资等内容。

五、在涉及集资内容的广告中，不得使用国家机关或者国家机关工作人员的名义，包括在职的和已离职的，健在的和已去世的中央、地方党政领导人的题词、照片等。

六、广告发布者应当增强广告审查的法律意识和责任意识，在审查广告中，认为广告中含有与集资活动有关的内容，应当查验有关行政主管部门出具的证明文件原件，广告主不能提供的，可以拒绝发布，并主动向行政主管部门报告。

广告发布者由于未查验证明、未核实广告内容，导致非法集资活动广告发布的，依法承担相应法律责任。情节严重的，由广告监管机关依据《停止广告主、广告经营者、广告发布者广告业务实施意见》处理。

七、对于公安机关认定涉嫌经济犯罪以及有关职能部门认为已经构成或者涉嫌构成非法集资活动的，广告发布者应当立即停止发布与该活动有关的任何形式的广告。违者，属于违反《广告法》第三十一条规定的行为，由广告监管机关依照《广告法》第四十一条规定处罚。

请迅速将本通知内容传达至本辖区有关部门和广告经营、发布单位。执行中遇有问题，及时上报。

中国保险监督管理委员会关于印发《保险业内涉嫌非法集资活动预警和查处工作暂行办法》的通知

（2007 年 12 月 26 日　保监发［2007］127 号）

各保监局，机关各部门，各保险公司、保险中介机构：

为贯彻落实党中央、国务院处置非法集资的方针和政策，做好保险业内涉嫌非法集资活动的预警和查处工作，建立相关工作机制，我会制定了《保险业内涉嫌非法集资活动预警和查处工作暂行办法》。现印发给你们，请结合自身实际，认真贯彻落实。

二〇〇七年十二月二十六日

保险业内涉嫌非法集资活动预警和查处工作暂行办法

第一条　为贯彻落实党中央、国务院处置非法集资的方针和政策，根据处置非法集资部际联席会议的要求，切实做好保险业内涉嫌非法集资活动的预警和查处工作，建立综合治理长效机制，制定本办法。

第二条　保险业内涉嫌非法集资活动是指保险机构、保险中介机构及其工作人员涉嫌从事非法集资活动，以及其他单位、个人涉嫌以保险名义从事非法集资活动。

第三条　中国保险监督管理委员会（以下简称“保监会”）、保监局、保险机构和保险中介机构，应当结合保险行业的实际情况，按照统一领导、分级负责、疏堵并举、防治结合的原则，建立健全保险业内涉嫌非法集资活动预警和查处工作机制。

第四条　保监会负责指导保监局、保险机构、保险中介机构建立保险业内涉嫌非法集资活动预警和查处工作机制，负责监督、检查保监局、保险机构、保险中介机构保险业内涉嫌非法集资活动预警和查处工作。

第五条 保监局应当根据本办法，结合辖区实际情况，制定本辖区保险业内涉嫌非法集资活动预警和查处工作办法，负责指导辖区内保险机构和保险中介机构建立保险业内涉嫌非法集资活动预警和查处工作机制，负责监督、检查辖区内保险机构和保险中介机构保险业内涉嫌非法集资活动预警和查处工作。

第六条 保监会、保监局应当与相关部门建立协调机制，应当协助、配合地方政府做好保险业内非法集资的处置、取缔工作，并向地方政府做好政策解释和业务指导工作。

第七条 保监会、保监局应当按照国家统一的宣传教育规划，结合保险业的实际情况，制定相应的宣传普及教育计划，并通过灵活多样的方式具体实施。

第八条 保险机构和保险中介机构应当依法经营，并应当加强对分支机构的业务管理和指导，不得利用开展保险业务从事非法集资活动，不得为非法集资活动提供保险保障和其他便利。

第九条 保险机构和保险中介机构要建立保险业内涉嫌非法集资活动预警和查处工作机制，制订工作方案，密切关注行业内外以保险名义从事非法集资活动的行为，防止非法集资的风险传递到保险行业中。

第十条 保监会、保监局、保险机构、保险中介机构要指定专门人员和相关机构，通过建立群众举报、媒体监督和检查监管制度，加强日常监管，负责对本行业非法集资活动的监测预警，建立“反应灵敏、配合密切、应对有力”的防范预警工作体系。

第十一条 保监会负责组织实施全国范围内保险业内涉嫌非法集资活动的监测预警工作，保监局负责组织实施辖区内保险业内涉嫌非法集资活动的监测预警工作。

保险机构、保险中介机构发现利用保险名义从事非法集资活动，或者为非法集资活动提供保险保障和其他便利的，应当及时向保监会或者所在地的保监局书面报告。

保监局应当及时将收集到的本行业内涉嫌非法集资活动的情况向保监会和所在地省级政府报告，并协助配合案发地省级政府采取相应的前期调查取证工作。

第十二条 保监会接到部际联席会议办公室转送的省级政府提出的非法集资活动性质认定请求后，应当依据国家法律法规和行业标准，进行前期审核，并按照部际联席会议要求的统一格式，向部际联席会议办公室反馈审核意见。

第十三条 保监局应当按月向保监会报送《行业涉嫌非法集资案件统计表》，按季度向保监会报送保险业内涉嫌非法集资活动情况分析和处置工作情况，并在年终向保监会报送全年汇总情况。保监局应当分别在月后、季后、年后7个工作日内完成上述报送。

对于发生的保险业内涉嫌非法集资的重大或者典型案件，保监局应当在案发后24小时内报送保监会，特别重要的应当立即报送。

第十四条 保监会在汇总保监局和会机关掌握的保险业内涉嫌非法集资活动情况后，应当分别在月后、季后、年后15个工作日内向部际联席会议办公室进行报送。

对于发生的保险业内涉嫌非法集资的重大或者典型案件，保监会应当在案发后48小时内报送部际联席会议办公室，特别重要的应当立即报送。

第十五条 对违反本规定的单位和个人，保监会、保监局将依法予以责任追究。

公安部 国家工商行政管理总局 中国银行业监督管理委员会关于整治中介机构从事非法金融活动的通知

（2008年9月4日 公通字［2008］47号）

各省、自治区、直辖市公安厅、局，工商局，银监局；新疆生产建设兵团公安局、工商局、银监局：

当前，随着国家宏观调控的不断加强和适度从紧货币政策的实施，部分企业出现经营资金短缺、融资需求旺盛的现象。一些中介机构借机在媒体上发布帮助“贷款”、“担保”、“借款”、“代办银行卡”等内容的广告，开展贷款融资等非法金融活动，具体表现为：一是非法利用 POS 机为他人刷卡套现；二是提供虚假文件或与银行工作人员勾结，违规为他人办理贷款、票据贴现或担保等业务；三是非法发放高利贷；四是发布虚假或非法金融业务广告；五是设立地下钱庄，非法办理金融业务等。这些非法金融活动影响了国家宏观调控政策的执行，扰乱了正常的金融秩序，威胁银行的资金安全，并可能滋生多种犯罪。为维护国家金融秩序，坚决整治中介机构从事非法金融活动，现就有关工作要求通知如下：

一、银监部门要加强对金融活动的监管，有效预防、坚决取缔各种非法金融活动。切实解决当前中介行业存在的问题，维护金融秩序，是银监部门的重要责任。银监部门及其派出机构要加强对金融业务活动的监管，一经发现非法金融业务活动，要立即调查、核实，并依法予以取缔；非法金融业务活动涉嫌犯罪的，要及时移送公安机关依法立案侦查。同时，要加强对商业银行开办信用卡等业务的规范管理，对违规违法行为坚决予以查处。对不法中介机构从事刷卡套现、违规办理信用卡等金融活动的，在依法查处的同时要及时提醒有关商业银行注意风险，加强防范。要深入分析研究中介机构从事非法金融活动的规律特点，并采取有针对性的措施，进一步健全和完善相关的管理制度。

二、工商部门要加强对中介机构的管理。各级工商部门要加强对本地区从事贷款咨询、担保管理等业务的中介机构的日常巡查和监管，坚决取缔无照经营的中介机构。对发现从事非法金融业务活动的中介机构，要发现一起，依法查处一起；涉嫌犯罪的，要及时依法移送公安机关。同时，对无金融业务经营权而发布金融服务广告以及发布其他虚假违法金融服务广告的中介机构要坚决依法予以查处。

三、公安机关要加大对中介机构犯罪活动的防范和打击力度。各级公安机关要树立情报主导警务的理念，深挖线索，精确打击。要充分利用已建成的经济犯罪情报信息系统深挖犯罪线索，掌握辖区内有关中介机构违法违规开展金融活动的动向，摸清底数。要强化情报分析和综合研判工作，掌握违法犯罪活动的规律、特点，并研究制定有针对性的工作方案，集中力量对犯罪活动实施精确打击，快速侦破一批犯罪案件，有力震慑犯罪。要重视银监、工商等职能部门移送和举报的犯罪线索，及时进行梳理，准确甄别案件性质，积极开展侦破工作，最大限度地减少经济损失，最大限度地挽回经济损失，并将线索查处情况及时回馈。

四、各部门间要加强协作配合。在中介机构从事非法金融活动整治工作中，公安、银监、工商部门既要根据职能分工，认真履行好各自的职责，同时又要加强部门间的沟通联系，密切协作配合，积极开展联合执法，形成工作合力。要建立情报信息交流机制，不断健全案件信息共享机制，对重大或疑难案件要启动办案联席会议机制。要充分利用行政、法律等多种手段，坚决打击整治中介机构从事非法金融业务的违法犯罪活动，维护金融秩序和市场秩序。

五、统筹研究，探索建立长效机制。各地要紧密结合本地实际，加强对中介机构及其从业人员的日常监督管理，严肃查处金融违法违规行为。要加强制度建设，完善标本兼治措施，加强对中介机构的审核和规范化管理。同时，要将中介机构从事非法金融活动问题纳入处置非法集资部际联席会议统筹研究，进一步完善相应的监管、打击和防范措施，探索在公安、银监、工商部门之间建立敏捷高效的违法犯罪预警和研判、违法犯罪情况通报、案件侦办协作、宣传和教育长效机制。

中国银行业监督管理委员会　中国人民银行
关于小额贷款公司试点的指导意见

（2008 年 5 月 4 日　银监发［2008］23 号）

各银监局，中国人民银行上海总部、各分行、营业管理部、各省会（首府）城市中心支行、副省级城市中心支行：

为全面落实科学发展观，有效配置金融资源，引导资金流向农村和欠发达地区，改善农村地区金融服务，促进农业、农民和农村经济发展，支持社会主义新农村建设，现就小额贷款公司试点事项提出如下指导意见：

一、小额贷款公司的性质

小额贷款公司是由自然人、企业法人与其他社会组织投资设立，不吸收公众存款，经营小额贷款业务的有限责任公司或股份有限公司。

小额贷款公司是企业法人，有独立的法人财产，享有法人财产权，以全部财产对其债务承担民事责任。小额贷款公司股东依法享有资产收益、参与重大决策和选择管理者等权利，以其认缴的出资额或认购的股份为限对公司承担责任。

小额贷款公司应执行国家金融方针和政策，在法律、法规规定的范围内开展业务，自主经营，自负盈亏，自我约束，自担风险，其合法的经营活动受法律保护，不受任何单位和个人的干涉。

二、小额贷款公司的设立

小额贷款公司的名称应由行政区划、字号、行业、组织形式依次组成，其中行政区划指县级行政区划的名称，组织形式为有限责任公司或股份有限公司。

小额贷款公司的股东需符合法定人数规定。有限责任公司应由50个以下股东出资设立；股份有限公司应有2－200名发起人，其中须有半数以上的发起人在中国境内有住所。

小额贷款公司的注册资本来源应真实合法，全部为实收货币资本，由出资人或发起人一次足额缴纳。

有限责任公司的注册资本不得低于500万元，股份有限公司的注册资本不得低于1000万元。单一自然人、企业法人、其他社会组织及其关联方持有的股份，不得超过小额贷款公司注册资本总额的10%。

申请设立小额贷款公司，应向省级政府主管部门提出正式申请，经批准后，到当地工商行政管理部门申请办理注册登记手续并领取营业执照。此外，还应在五个工作日内向当地公安机关、中国银行业监督管理委员会派出机构和中国人民银行分支机构报送相关资料。

小额贷款公司应有符合规定的章程和管理制度，应有必要的营业场所、组织机构、具备相应专业知识和从业经验的工作人员。

出资设立小额贷款公司的自然人、企业法人和其他社会组织，拟任小额贷款公司董事、监事和高级管理人员的自然人，应无犯罪记录和不良信用记录。

小额贷款公司在当地税务部门办理税务登记，并依法缴纳各类税费。

三、小额贷款公司的资金来源

小额贷款公司的主要资金来源为股东缴纳的资本金、捐赠资金，以及来自不超过两个银行业金融机构的融入资金。

在法律、法规规定的范围内，小额贷款公司从银行业金融机构获得融入资金的余额，不得超过资本净额的50%。融入资金的利率、期限由小额贷款公司与相应银行业金融机构自主协商确定，利率以同期“上海银行间同业拆放利率”为基准加点确定。

小额贷款公司应向注册地中国人民银行分支机构申领贷款卡。向小额贷款公司提供融资的银行业金融机构，应将融资信息及时报送所在地中国人民银行分支机构和中国银行业监督管理委员会派出机构，并应跟踪监督小额贷款公司融资的使用情况。

四、小额贷款公司的资金运用

小额贷款公司在坚持为农民、农业和农村经济发展服务的原则下自主选择贷款对象。小额贷款公司发放贷款，应坚持“小额、分散”的原则，鼓励小额贷款公司面向农户和微型企业提供信贷服务，着力扩大客户数量和服务覆盖面。同一借款人的贷款余额不得超过小额贷款公司资本净额的5%。在此标准内，可以参考小额贷款公司所在地经济状况和人均GDP水平，制定最高贷款额度限制。

小额贷款公司按照市场化原则进行经营，贷款利率上限放开，但不得超过司法部门规定的上限，下限为人民银行公布的贷款基准利率的0.9倍，具体浮动幅度按照市场原则自主确定。有关贷款期限和贷款偿还条款等合同内容，均由借贷双方在公平自愿的原则下依法协商确定。

五、小额贷款公司的监督管理

凡是省级政府能明确一个主管部门（金融办或相关机构）负责对小额贷款公司的监督管理，并愿意承担小额贷款公司风险处置责任的，方可在本省（区、市）的县域范围内开展组建小额贷款公司试点。

小额贷款公司应建立发起人承诺制度，公司股东应与小额贷款公司签订承诺书，承诺自觉遵守公司章程，参与管理并承担风险。

小额贷款公司应按照《公司法》要求建立健全公司治理结构，明确股东、董事、监事和经理之间的权责关系，制定稳健有效的议事规则、决策程序和内审制度，提高公司治理的有效性。小额贷款公司应建立健全贷款管理制度，明确贷前调查、贷时审查和贷后检查业务流程和操作规范，切实加强贷款管理。小额贷款公司应加强内部控制，按照国家有关规定建立健全企业财务会计制度，真实记录和全面反映其业务活动和财务活动。

小额贷款公司应按照有关规定，建立审慎规范的资产分类制度和拨备制度，准确进行资产分类，充分计提呆账准备金，确保资产损失准备充足率始终保持在100%以上，全面覆盖风险。

小额贷款公司应建立信息披露制度，按要求向公司股东、主管部门、向其提供融资的银行业金融机构、有关捐赠机构披露经中介机构审计的财务报表和年度业务经营情况、融资情况、重大事项等信息，必要时应向社会披露。

小额贷款公司应接受社会监督，不得进行任何形式的非法集资。从事非法集资活动的，按照国务院有关规定，由省级人民政府负责处置。对于跨省份非法集资活动的处置，需要由处置非法集资部际联席会议协调的，可由省级人民政府请求处置非法集资部际联席会议协调处置。其他违反国家法律法规的行为，由当地主管部门依据有关法律法规实施处罚；构成犯罪的，依法追究刑事责任。

中国人民银行对小额贷款公司的利率、资金流向进行跟踪监测，并将小额贷款公司纳入信贷征信系统。小额贷款公司应定期向信贷征信系统提供借款人、贷款金额、贷款担保和贷款偿还等业务信息。

六、小额贷款公司的终止

小额贷款公司法人资格的终止包括解散和破产两种情况。小额贷款公司可因下列原因解散：（一）公司章程规定的解散事由出现；（二）股东大会决议解散；（三）因公司合并或者分立需要解散；（四）依法被吊销营业执照、责令关闭或者被撤销；（五）人民法院依法宣布公司解散。小额贷款公司解散，依照《公司法》进行清算和注销。

小额贷款公司被依法宣告破产的，依照有关企业破产的法律实施破产清算。

小额贷款公司依法合规经营，没有不良信用记录的，可在股东自愿的基础上，按照《村镇银行组建审批指引》和《村镇银行管理暂行规定》规范改造为村镇银行。

七、其他

中国银行业监督管理委员会派出机构和中国人民银行分支机构，要密切配合当地政府，创造性地开展工作，加强对小额贷款公司工作的政策宣传。同时，积极开展小额贷款培训工作，有针对性地对小额贷款公司及其客户进行相关培训。

本指导意见未尽事宜，按照《中华人民共和国公司法》、《中华人民共和国合同法》等法律法规执行。

本指导意见由中国银行业监督管理委员会和中国人民银行负责解释。

请各银监局和人民银行上海总部、各分行、营业管理部、各省会（首府）城市中心支行、副省级城市中心支行联合将本指导意见转发至银监分局、人民银行地市中心支行、县（市）支行和相关单位。

四、司法解释及其他

最高人民法院关于依法严厉打击集资诈骗和非法吸收公众存款犯罪活动的通知

（2004 年 11 月 15 日　法［2004］240 号）

各省、自治区、直辖市高级人民法院，解放军军事法院，新疆维吾尔自治区高级人民法院生产建设兵团分院：

近年来，一些地方集资诈骗、非法吸收公众存款犯罪活动十分猖獗，大案要案接连发生，严重扰乱金融市场秩序，侵犯公民、法人和其他组织的合法权益。为了切实维护国家金融市场秩序和社会政治稳定，现就人民法院充分发挥审判职能作用，依法严厉打击集资诈骗和非法吸收公众存款犯罪活动的有关问题通知如下：

一、充分认识集资诈骗和非法吸收公众存款犯罪的严重社会危害性，切实加强对这类犯罪案件的审判工作。当前，各种形式的非法集资犯罪活动，手段更加狡黠，欺骗性更强，导致大量人民群众上当受骗。不少集资诈骗和非法吸收公众存款犯罪案件，涉案金额特别巨大，受害人员范围广，给公民和法人以及其他组织造成巨额财产损失，严重破坏金融市场秩序，由此导致的群体性事件屡有发生，严重影响社会政治稳定。各级人民法院一定要从贯彻“三个代表”重要思想，树立和落实科学发展观，落实“司法为民”要求的高度，进一步提高对集资诈骗和非法吸收公众存款犯罪案件审判工作重要性的认识，全面发挥人民法院刑事审判职能作用，为有效遏制集资诈骗和非法吸收公众存款犯罪活动，规范金融市场秩序提供有力司法保障。

二、坚决贯彻依法严惩集资诈骗和非法吸收公众存款犯罪的方针，加大对集资诈骗和非法吸收公众存款犯罪的打击力度。金融犯罪一直是我国整顿和规范市场经济秩序工作的打击重点，集资诈骗和非法吸收公众存款犯罪案件，是金融犯罪刑事审判工作的重中之重。集资诈骗和非法吸收公众存款犯罪发案较多的地区，人民法院要积极配合有关部门，开展严厉打击这类犯罪的专项行动，切实维护金融市场秩序和社会政治稳定。对集资诈骗和非法吸收公众存款的犯罪活动，一定要贯彻依法严惩的方针，保持对犯罪的高压态势，以有效震慑不法分子，保护人民群众利益。一旦案件起诉后，即应尽快开庭，及时审结。对集资诈骗数额特别巨大并且给国家和人民利益造成特别重大损失，罪行极其严重的犯罪分子，依法应该判处死刑的，要坚决判处死刑，决不手软。在对犯罪分子判处主刑的同时，要依法适用财产刑，并加大赃款赃物的追缴力度，不让犯罪分子在经济上获取非法利益。对集资诈骗和非法吸收公众存款共同犯罪案件中的主犯，一定要依法从严惩处。

三、坚持审判工作法律效果和社会效果有机统一，积极参与金融市场经济秩序的综合治理。各级人民法院在审判集资诈骗和非法吸收公众存款犯罪案件工作中，要把依法审判与法制宣传有机结合起来。注意通过依法公开宣判、新闻媒体宣传等各种行之有效的形式，揭露犯罪骗局，教育广大群众，提高公民防骗意识。要妥善处理涉及众多被害人的犯罪案件，注意追缴犯罪分子的违法所得，及时将被骗的集资款返还被害人，配合地方党委和政府做好案件的善后工作，尽量将犯罪造成的不良后果降到最低限度，确保社会稳定。对办案过程中发现有关部门和单位在资金管理制度和环节上存在的漏洞和隐患，要及时提出司法建议，以做到防患于未然。

四、深入调查研究，及时解决审判这类案件中的疑难问题。各高级人民法院对于近期受理的集资诈骗和非法吸收公众存款大要案的审理情况，要及时报告我院。审理集资诈骗和非法吸收公众存款犯罪案件政策性强，涉及法律适用问题疑难，各高级人民法院对在审判工作中遇到的新情况、新问题，要认真研究，提出意见，加强指导，及时报告我院。

最高人民检察院　公安部关于公安机关管辖的刑事案件立案追诉标准的规定（二）（摘要）

（2010 年 5 月 7 日）

第五条　在招股说明书、认股书、公司、企业债券募集办法中隐瞒重要事实或者编造重大虚假内容，发行股票或者公司、企业债券，涉嫌下列情形之一的，应予立案追诉：

（一）发行数额在五百万元以上的；

（二）伪造、变造国家机关公文、有效证明文件或者相关凭证、单据的；

（三）利用募集的资金进行违法活动的；

（四）转移或者隐瞒所募集资金的；

（五）其他后果严重或者有其他严重情节的情形。

第二十四条　未经国家有关主管部门批准，擅自设立金融机构，涉嫌下列情形之一的，应予立案追诉：

（一）擅自设立商业银行、证券交易所、期货交易所、证券公司、期货公司、保险公司或者其他金融机构的；

（二）擅自设立商业银行、证券交易所、期货交易所、证券公司、期货公司、保险公司或者其他金融机构筹备组织的。

第二十八条　非法吸收公众存款或者变相吸收公众存款，扰乱金融秩序，涉嫌下列情形之一的，应予立案追诉：

（一）个人非法吸收或者变相吸收公众存款数额在二十万元以上的，单位非法吸收或者变相吸收公众存款数额在一百万元以上的；

（二）个人非法吸收或者变相吸收公众存款三十户以上的，单位非法吸收或者变相吸收公众存款一百五十户以上的；

（三）个人非法吸收或者变相吸收公众存款给存款人造成直接经济损失数额在十万元以上的，单位非法吸收或者变相吸收公众存款给存款人造成直接经济损失数额在五十万元以上的；

（四）造成恶劣社会影响的；

（五）其他扰乱金融秩序情节严重的情形。

第三十四条　未经国家有关主管部门批准，擅自发行股票或者公司、企业债券，涉嫌下列情形之一的，应予立案追诉：

（一）发行数额在五十万元以上的；

（二）虽未达到上述数额标准，但擅自发行致使三十人以上的投资者购买了股票或者公司、企业债券的；

（三）不能及时清偿或者清退的；

（四）其他后果严重或者有其他严重情节的情形。

第四十三条　银行或者其他金融机构及其工作人员吸收客户资金不入账，涉嫌下列情形之一的，应予立案追诉：

（一）吸收客户资金不入账，数额在一百万元以上的；

（二）吸收客户资金不入账，造成直接经济损失数额在二十万元以上的。

第四十九条　以非法占有为目的，使用诈骗方法非法集资，涉嫌下列情形之一的，应予立案追诉：

（一）个人集资诈骗，数额在十万元以上的；

（二）单位集资诈骗，数额在五十万元以上的。

第七十五条　广告主、广告经营者、广告发布者违反国家规定，利用广告对商品或者服务作虚假宣传，涉嫌下列情形之一的，应予立案追诉：

（一）违法所得数额在十万元以上的；

（二）给单个消费者造成直接经济损失数额在五万元以上的，或者给多个消费者造成直接经济损失数额累计在二十万元以上的；

（三）假借预防、控制突发事件的名义，利用广告作虚假宣传，致使多人上当受骗，违法所得数额在三万元以上的；

（四）虽未达到上述数额标准，但两年内因利用广告作虚假宣传，受过行政处罚二次以上，又利用广告作虚假宣传的；

（五）造成人身伤残的；

（六）其他情节严重的情形。

第七十八条 组织、领导以推销商品、提供服务等经营活动为名，要求参加者以缴纳费用或者购买商品、服务等方式获得加入资格，并按照一定顺序组成层级，直接或者间接以发展人员的数量作为计酬或者返利依据，引诱、胁迫参加者继续发展他人参加，骗取财物，扰乱经济社会秩序的传销活动，涉嫌组织、领导的传销活动人员在三十人以上且层级在三级以上的，对组织者、领导者，应予立案追诉。

本条所指的传销活动的组织者、领导者，是指在传销活动中起组织、领导作用的发起人、决策人、操纵人，以及在传销活动中担负策划、指挥、布置、协调等重要职责，或者在传销活动实施中起到关键作用的人员。

第七十九条 违反国家规定，进行非法经营活动，扰乱市场秩序，涉嫌下列情形之一的，应予立案追诉：

……

（三）未经国家有关主管部门批准，非法经营证券、期货、保险业务，或者非法从事资金支付结算业务，具有下列情形之一的：

1. 非法经营证券、期货、保险业务，数额在三十万元以上的；

2. 非法从事资金支付结算业务，数额在二百万元以上的；

3. 违反国家规定，使用销售点终端机具（POS 机）等方法，以虚构交易、虚开价格、现金退货等方式向信用卡持卡人直接支付现金，数额在一百万元以上的，或者造成金融机构资金二十万元以上逾期未还的，或者造成金融机构经济损失十万元以上的；

4. 违法所得数额在五万元以上的。

最高人民法院关于审理非法集资刑事案件具体应用法律若干问题的解释

（2010 年 12 月 13 日　法释［2010］18 号）

为依法惩治非法吸收公众存款、集资诈骗等非法集资犯罪活动，根据刑法有关规定，现就审理此类刑事案件具体应用法律的若干问题解释如下：

第一条　违反国家金融管理法律规定，向社会公众（包括单位和个人）吸收资金的行为，同时具备下列四个条件的，除刑法另有规定的以外，应当认定为刑法第一百七十六条规定的“非法吸收公众存款或者变相吸收公众存款”：

（一）未经有关部门依法批准或者借用合法经营的形式吸收资金；

（二）通过媒体、推介会、传单、手机短信等途径向社会公开宣传；

（三）承诺在一定期限内以货币、实物、股权等方式还本付息或者给付回报；

（四）向社会公众即社会不特定对象吸收资金。

未向社会公开宣传，在亲友或者单位内部针对特定对象吸收资金的，不属于非法吸收或者变相吸收公众存款。

第二条　实施下列行为之一，符合本解释第一条第一款规定的条件的，应当依照刑法第一百七十六条的规定，以非法吸收公众存款罪定罪处罚：

（一）不具有房产销售的真实内容或者不以房产销售为主要目的，以返本销售、售后包租、约定回购、销售房产份额等方式非法吸收资金的；

（二）以转让林权并代为管护等方式非法吸收资金的；

（三）以代种植（养殖）、租种植（养殖）、联合种植（养殖）等方式非法吸收资金的；

（四）不具有销售商品、提供服务的真实内容或者不以销售商品、提供服务为主要目的，以商品回购、寄存代售等方式非法吸收资金的；

（五）不具有发行股票、债券的真实内容，以虚假转让股权、发售虚构债券等方式非法吸收资金的；

（六）不具有募集基金的真实内容，以假借境外基金、发售虚构基金等方式非法吸收资金的；

（七）不具有销售保险的真实内容，以假冒保险公司、伪造保险单据等方式非法吸收资金的；

（八）以投资入股的方式非法吸收资金的；

（九）以委托理财的方式非法吸收资金的；

（十）利用民间“会”、“社”等组织非法吸收资金的；

（十一）其他非法吸收资金的行为。

第三条 非法吸收或者变相吸收公众存款，具有下列情形之一的，应当依法追究刑事责任：

（一）个人非法吸收或者变相吸收公众存款，数额在 20 万元以上的，单位非法吸收或者变相吸收公众存款，数额在 100 万元以上的；

（二）个人非法吸收或者变相吸收公众存款对象 30 人以上的，单位非法吸收或者变相吸收公众存款对象 150 人以上的；

（三）个人非法吸收或者变相吸收公众存款，给存款人造成直接经济损失数额在 10 万元以上的，单位非法吸收或者变相吸收公众存款，给存款人造成直接经济损失数额在 50 万元以上的；

（四）造成恶劣社会影响或者其他严重后果的。

具有下列情形之一的，属于刑法第一百七十六条规定的“数额巨大或者有其他严重情节”：

（一）个人非法吸收或者变相吸收公众存款，数额在 100 万元以上的，单位非法吸收或者变相吸收公众存款，数额在 500 万元以上的；

（二）个人非法吸收或者变相吸收公众存款对象 100 人以上的，单位非法吸收或者变相吸收公众存款对象 500 人以上的；

（三）个人非法吸收或者变相吸收公众存款，给存款人造成直接经济损失数额在 50 万元以上的，单位非法吸收或者变相吸收公众存款，给存款人造成直接经济损失数额在 250 万元以上的；

（四）造成特别恶劣社会影响或者其他特别严重后果的。

非法吸收或者变相吸收公众存款的数额，以行为人所吸收的资金全额计算。案发前后已归还的数额，可以作为量刑情节酌情考虑。

非法吸收或者变相吸收公众存款，主要用于正常的生产经营活动，能够及时清退所吸收资金，可以免予刑事处罚；情节显著轻微的，不作为犯罪处理。

第四条 以非法占有为目的，使用诈骗方法实施本解释第二条规定所列行为的，应当依照刑法第一百九十二条的规定，以集资诈骗罪定罪处罚。

使用诈骗方法非法集资，具有下列情形之一的，可以认定为“以非法占有为目的”：

（一）集资后不用于生产经营活动或者用于生产经营活动与筹集资金规模明显不成比例，致使集资款不能返还的；

（二）肆意挥霍集资款，致使集资款不能返还的；

（三）携带集资款逃匿的；

（四）将集资款用于违法犯罪活动的；

（五）抽逃、转移资金，隐匿财产，逃避返还资金的；

（六）隐匿、销毁账目，或者搞假破产、假倒闭，逃避返还资金的；

（七）拒不交代资金去向，逃避返还资金的；

（八）其他可以认定非法占有目的的情形。

集资诈骗罪中的非法占有目的，应当区分情形进行具体认定。行为人部分非法集资行为具有非法占有目的的，对该部分非法集资行为所涉集资款以集资诈骗罪定罪处罚；非法集资共同犯罪中部分行为人具有非法占有目的，其他行为人没有非法占有集资款的共同故意和行为的，对具有非法占有目的的行为人以集资诈骗罪定罪处罚。

第五条 个人进行集资诈骗，数额在10万元以上的，应当认定为“数额较大”；数额在30万元以上的，应当认定为“数额巨大”；数额在100万元以上的，应当认定为“数额特别巨大”。

单位进行集资诈骗，数额在50万元以上的，应当认定为“数额较大”；数额在150万元以上的，应当认定为“数额巨大”；数额在500万元以上的，应当认定为“数额特别巨大”。

集资诈骗的数额以行为人实际骗取的数额计算，案发前已归还的数额应予扣除。行为人为实施集资诈骗活动而支付的广告费、中介费、手续费、回扣，或者用于行贿、赠与等费用，不予扣除。行为人为实施集资诈骗活动而支付的利息，除本金未归还可予折抵本金以外，应当计入诈骗数额。

第六条 未经国家有关主管部门批准，向社会不特定对象发行、以转让股权等方式变相发行股票或者公司、企业债券，或者向特定对象发行、变相发行股票或者公司、企业债券累计超过200人的，应当认定为刑法第一百七十九条规定的“擅自发行股票或者公司、企业债券”。构成犯罪的，以擅自发行股票或者公司、企业债券罪定罪处罚。

第七条 违反国家规定，未经依法核准擅自发行基金份额募集基金，情节严重的，依照刑法第二百二十五条的规定，以非法经营罪定罪处罚。

第八条 广告经营者、广告发布者违反国家规定，利用广告为非法集资活动相关的商品或者服务作虚假宣传，具有下列情形之一的，依照刑法第二百二十二条的规定，以虚假广告罪定罪处罚：

（一）违法所得数额在10万元以上的；

（二）造成严重危害后果或者恶劣社会影响的；

（三）二年内利用广告作虚假宣传，受过行政处罚二次以上的；

（四）其他情节严重的情形。

明知他人从事欺诈发行股票、债券，非法吸收公众存款，擅自发行股票、债券，集资诈骗或者组织、领导传销活动等集资犯罪活动，为其提供广告等宣传的，以相关犯罪的共犯论处。

第九条 此前发布的司法解释与本解释不一致的，以本解释为准。

后　记

六十个非法集资典型案例，六十个“天上掉馅饼”的教训，发人深省，令人叹惜。

在案例编写过程中，我们感触良多。我们每每为深受伤害的参与集资的群众感到痛心，也为当前社会诚信缺失，非法集资活动持续猖獗甚至泛滥而迷惑不解。有些集资群众被骗后，非但不配合相关部门的查处工作，而且心存幻想，甚至竭力维护犯罪行为，不能不说是一种悲剧。我们希望通过本书的出版，引导社会公众增强法制观念，深刻认识非法集资的危害性，提高识别和防范非法集资的能力。但是打击非法集资宣传教育工作绝非一本书就可以完成，理性投资观念的引导和传播工作将是长期和艰巨的。

为做好本书的编写工作，中国银监会高度重视、精心策划、周密安排，投入了大量的人力、物力，有关单位、部门也给予了大力的支持与配合。最高人民法院、最高人民检察院、公安部派员参与汇编工作，共同确定了《案例汇编》的目的、定位、工作原则、总体要求等，最高人民法院协调各省（区、市）高院及时提供相关案件判决材料，为编写工作奠定了坚实基础。银监会抽调北京、辽宁、黑龙江、江苏、浙江、山东、湖北、湖南、广东、贵州、陕西、新疆等银监局12名业务骨干参与编写工作。最高人民法院刘为波等同志参加编写组，并在前期准备、案例编写过程中做了大量的实质性工作。处置非法集资部际联席会议办公室全体人员通力配合、积极参与本书编写，刘翔玲、张向丽等同志在案例选取、适用法律法规摘编等方面做了许多有益工作。在此，本书编写组对各相关单位、部门和各位同仁的大力支持表示衷心感谢！

本书编写过程中，还参考、引用了新闻媒体、网络和相关刊物的资料，鉴于篇幅所限，不再一一列举，在此一并表示谢意！

编　者